一點不平凡

吳志揚遇見的41個美好故事

作者 吳志揚

送出一份美好與信念

從政多年來一直有種感覺，自己的生命歷程和多數政治人物不同。我喜歡藝文，且熱愛各項體育活動；有時間、有機會時更樂於接觸各行各業的朋友。但因為職務繁忙，始終未能如願，直到卸下桃園縣長職務，收到廣播電台捎來主持節目的邀請。

接觸廣播節目，是許多年前的事了，那時經常應邀到桃園地方電台介紹法律常識。或許正因為廣播不具影像，有著讓人更專注傾聽內容的魔力，對我來說，這正是傳遞知識與觀念的好媒介。這回收到中廣邀請，讓我重新燃起對廣播的熱情，決定要把好的觀念和故事介紹給大家，中廣新聞網每週六下午四點到五點播出的「週末喜洋揚」於焉誕生。

因為深信台灣有一群默默地在各領域裡打拚的人，抱持著美好的理想不斷努力奮鬥，不只是為己，更多是為了讓社會更美好，而這些人多數不是知名的大人物，鮮少被

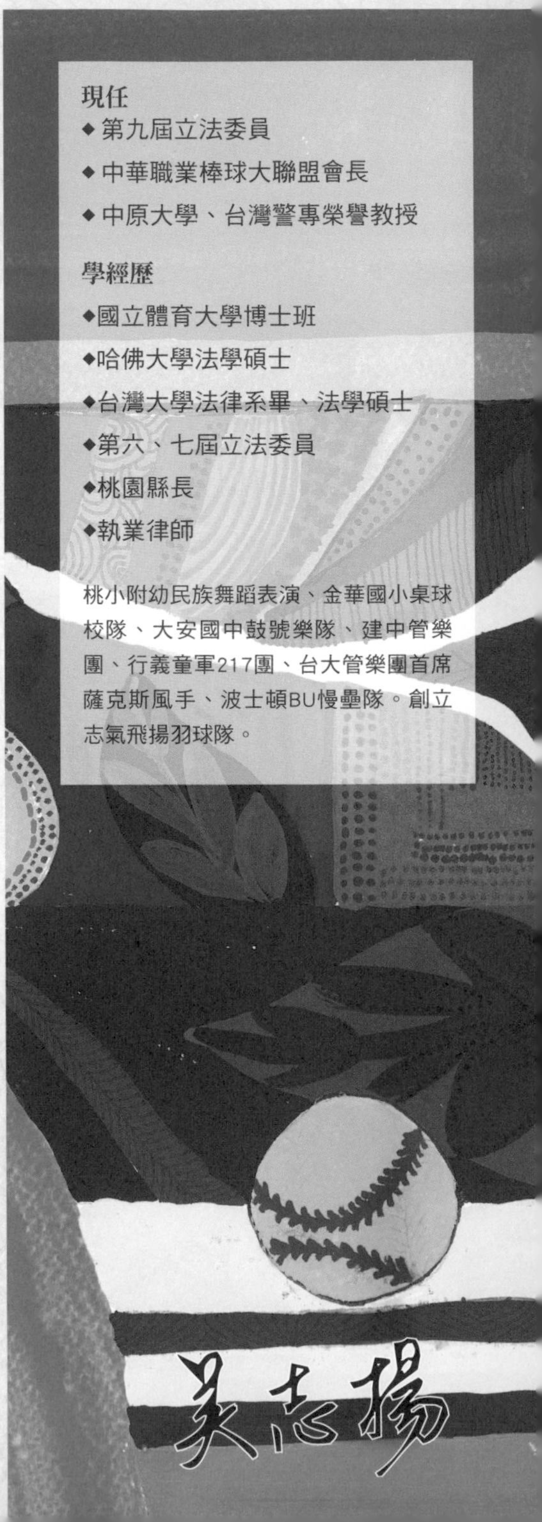

現任

- 第九屆立法委員
- 中華職業棒球大聯盟會長
- 中原大學、台灣警專榮譽教授

學經歷

- 國立體育大學博士班
- 哈佛大學法學碩士
- 台灣大學法律系畢、法學碩士
- 第六、七屆立法委員
- 桃園縣長
- 執業律師

桃小附幼民族舞蹈表演、金華國小桌球校隊、大安國中鼓號樂隊、建中管樂團、行義童軍217團、台大管樂團首席薩克斯風手、波士頓BU慢壘隊。創立志氣飛揚羽球隊。

吳志揚

關注，所以節目規劃之初，我就決定要讓更多人知道這些不平凡的故事。開播以來，訪談主角有騎著三輪車行銷蛋糕的烘焙師、養鷹護稻的青年農夫；有體育選手、樂團指揮、金曲獎得主、紀錄片導演、駐外大使，以及老年長照、翻轉教育、FinTech等各領域專家。每一次的訪談，都是一篇精彩的故事，我有幸在短短一小時裡，獲得每位受訪者濃縮了十幾年甚至幾十年的生命精華，實在受益匪淺。透過節目，不只結識許多好朋友，更讓我眼界大開、收穫豐碩，原來台灣還有這麼多美好的事和各行各業的達人，隱身在都市叢林或山間海濱，真的是有趣又過癮。

我有許多朋友都從事法務、法律工作，每天處理客戶疑難雜症，筋疲力竭。聽到節目中分享的一則則故事，都很羨慕我，甚至反應「希望能收聽到前面錯過的內容」，讓我靈機一動，決定不藏私地整理節目的精華內容，用文字記錄，以書的形式分享給大家，也供將來回味。這些在地故事中，展現了台灣的生命力與美好人情，鼓勵我們開拓眼界、放寬心胸，相信能為社會帶來良好的起頭作用。

節目初期，我還不免沉陷於選戰失利的低潮中，但隨著受訪者的經驗分享，這些與台灣土地脈動有著深切連結的故事，鼓舞了我；不論是年輕世代勇闖世界，創業家的冒險精神，都如同黑夜中迸發出的亮光，重新啟動了我的能量，所以我願意把美好的事情記下來、分享出去。

如今我更自我期許，希望透過這本書把大家串起來，讓每一位我訪談過的書中人物，可以相互認識、合作，盡其所能為台灣重新燃起希望，讓台灣更好。

我會一直做下去，堅持做下去。

目次

序

CHAPTER 1 為土地、為台灣發聲

CHAPTER 2 杏林花開，愛不止息

CHAPTER 3 音樂、電影，說故事

CHAPTER 4
文化扎根，翻轉人生

CHAPTER 5
青春，勇敢追夢

CHAPTER 6
開拓屬於自己的未來

CHAPTER 1
為土地、為台灣發聲

小至地方鄉鎮，大至世界各地，

從家出發，踏上旅程，

和遇見的人產生連結，就是最飽滿的回憶。

老鷹小雞來做農，都是好幫手——盧紀燁

創意新農民，友善土地與生態環境

我在花蓮發現，有位年輕的農夫竟以獵鷹為伴。他堅持不噴灑農藥，以老鷹驅鳥護稻，改變過去的傳統農法，對土地展現友善態度，創新農業工法，在護稻與生態保育間盡力做到平衡，成功打造出「鷹獵米」品牌。本篇圖片提供／盧紀燁

和許多返鄉從農的青年農民（以下簡稱青農）相似，原本在台北擔任資訊工程師的盧紀燁，因爲父親遭逢車禍，爲了照顧年邁的父親及接手農作，返鄉從農。但那年花蓮遭逢「凡那比風災」，家裡種了近四十年的柚子老欉，剛好因風災補助需要會勘，盧紀燁代替父親偕同村幹事前往勘查，才發現原來台灣農業面臨一些嚴重的問題。

因顧家而返鄉，因生存而創新

「書念不好，就回來種田，你們以後要離家愈遠愈好，不要留下來。」盧紀燁的父母這麼告訴孩子。因爲種田是比較辛苦的事情，傳統農村父母多期盼孩子用功讀書，將來選擇「坐辦公室」的工作，離家愈遠愈好。但遇上家裡有需要，不管是人或土地需要被照顧，還是要返鄉，大部分的青農都碰上這樣的問題，從小家中栽種柚子的盧紀燁也不例外。

盧紀燁憶起童年，家中種了非常多的柚子樹，早年柚子價錢很好，一顆顆裝進布袋，就有卡車來運送，直接付錢給農戶，那是花蓮柚子的全盛時期。但因爲壽豐鄉在地域上偏北，每三、四年會有一次的白露和中秋非常接近，採收時間不好，銷售就比較困難；因此柚子產業慢慢南移，現在坊間常見的產地是瑞穗鶴岡、台南麻豆。

盧紀燁當初返鄉是爲了接續柚子生產工作。因爲柚子是每年再生的長期果樹，把收成的柚子全數賣掉，才能有後續發展。他開始思考種植方法，像是當柚子樹下長雜草時，老一輩農夫會噴灑

Profile

盧紀燁

生於花蓮縣壽豐鄉，六十九年次的青年農民，東華大學財金系博士生，曾在台北擔任資訊工程師。為「壽豐印象」發起人，獲選102年農委會花蓮區百大青農，致力推動創新友善農法。

除草劑；但如此一來，樹木的根系也會吸收到藥劑，逐漸受傷、死去，造成柚子的口感偏苦。

爲了解決這個問題，盧紀燁採用生物防治法，在柚子樹下養雞，雞會幫忙除蟲、除草、施肥、生蛋，果實掉下來也會吃掉，不需人工清理；柚子本身變得很好賣，土雞肉、土雞蛋品質也不錯，一舉數得，這正是友善農業的一大特色。

找老鷹來幫忙，護稻不再趕鳥

除了養雞，盧紀燁種稻的過程中，有個超炫的助手——栗翅鷹，因肩膀與兩翼爲栗色而得名，是農委會開放合法進口名單上的六種猛禽之一，是擅長偷襲式捕獵的獵鷹。然而說起盧紀燁與栗翅鷹的相遇，卻是從救護受傷鷹隻開始的，起初並未想要驅鳥。

後來因爲每逢稻田收割期，經常會有如麻雀、鴿子、環頸雉來偷吃，所以農民會以稻草人、CD片、鈴鐺，或是放沖天炮來嚇阻。尤其碰上收成期，爲了趕鳥，更是花招百出。盧紀燁巧思將鷹隻再利用，善用牠的追擊效果來嚇阻其他鳥類。一開始在盧紀燁大伯的田地實驗，老鷹一現身，群鳥飛散、逃之夭夭。老鷹幫忙照看農田之後，產量大約提高百分之十至二十，利潤也隨之提高百分之三十至四十，盧紀燁把這樣的經驗分享給農民，如此便不用再網鳥、毒鳥。而農友們也不需要自己飼養老鷹，其實透過台灣鷹獵文化暨猛禽保育協會協助，也可以進行驅鳥。

這樣的做法，也帶給生產者與消費者更多的省思空間，生產者可以思考有沒有更好的方式保護自己的收成，消費者也可以選擇支持這樣子的商品。今年，盧紀燁預計將獵鷹護稻的概念以及友善農法，擴展到台灣十個不同地方，希望能達到二十甲地的耕作面積，將良善的意念帶給社會。

農產品規格化，增加市場價值

從資訊業轉換角色到農業之後，盧紀燁發現：土地價格太高是台灣農業所面臨較大的問題，一般青農沒有能力購買或租賃土地耕作；以花蓮爲例，一分地約要價一百萬元，耕作面積又至少需五分地或十分地才合理；而且租金隨地價變動，地價愈高，負擔也就愈重。所以，政府應適當控制土地價格，假設無法直接控制，就得看能否提高農產品售價。這兩者息息相關，因爲當農作物價格提高，農民就願意投入生產，也不會有人想把地賣掉，相對來說，土地價格也就不再飆高。

那麼，好不容易生產出來的農產品，又該如何行銷？盧紀燁和青農們通常會把商品分成兩個部分，第一部分是自銷，方式與價格會趨近對市場或消費者有利的情況，幫助商品銷售。第二部分則是當品質好且產量穩固的時候，透過既有平台，採規格

化包裝販售。比如地瓜裝箱販賣，以三公斤、九公斤、十五公斤等規格包裝，並算出合理售價；除了不能噴藥，沒有蟲咬、地瓜大小條件等，也都在品管及規格限制內。制定規格化的真正目的，是希望能讓更多通路商看到這些商品，進而與青農們聯繫，在合理的利潤範圍，讓專業行銷人員處理。

組生產者聯盟，農業打團體戰

盧紀燁的店裡好似農夫市集，店內的生鮮產品（一級農產品），都是親自生產才能販售，另外也有許多小農自製的加工商品。這家店的意義在於讓在地的青農、小農、老農們自己運作，他們也能從店裡直接獲得消費者真實回饋的資訊。

生產者要對自己的產品負責，這是最重要的理念。現在食安風暴最大的問題在於人們找不到食物生產源頭，出了事就一個推一個，造成惡性循環。在小農文化裡，每個人都願意負責，讓小農承擔自己的產品，這樣良善的概念值得大家支持。

爲了拓展友善農業，盧紀燁分別針對兩種對象進行。一是結合公益活動帶動年輕學子，比如邀請家扶中心的孩子，從小開始教育，讓他們了解友善農業到底在做什麼？期許他們對農業有更深的理解。他也提到，推廣友善農業時，特別要著重教育層面，不只是家扶中心的孩子，其他學生、一般民眾都是對象，希望能有更多消費者了解其做法與初衷。另一種對象則是青農。盧紀燁所參與的「百大青年農民專案」，隸屬行政院農委會，成員們都有一定的生產量和生產力。目前他們正致力於結合組織資源與自己的生產模式，降低成本、提高品質，以建立自有品牌爲目標。

只要這樣的生產模式成功建立，日後就能良好複製，這是值得青農們積極投入的機制。未來家家都可以是小農；大家組成生產者聯盟，就可以供應大量的產物。或許不久的將來，我們就會看到一群老鷹加入生產的行列；我也期盼日後能看到更多友善農業的能量，在全台各地迸發。

志揚真心話

“之前到紀燁的店裡，
我還想辦法讓栗翅鷹站在我的手上，
但牠一張開翅膀我就嚇了一大跳。”

精采訪談連結

一包白米，帶來改變的力量——楊儒門

爲小農發聲，尋找台灣農業的新價值

這是一個希望讓農業翻轉的故事。二〇〇三年，一位年輕人用稻米與火藥做成炸彈，上面貼著「不要進口稻米」、「政府要照顧人民」的訴求字條，震驚了全台灣，也喚起人們正視加入世界貿易組織（WTO）後，對台灣農業的劇烈衝擊。

當年企圖以「白米炸彈」喚起注意，要求政府重視台灣開放稻米進口之後農民生計問題的楊儒門，儘管後來因此案而鋃鐺入獄，但他爲台灣農民發聲的理念，卻始終未曾動搖過。

這幾年他不但親身務農，更推動248農學市集，爲農產品行銷創造新通路；也應邀演講，積極推動大衆消費習慣的改變、鼓勵青年務農的觀念，爲台灣農業再造一條新道路。

用一顆炸彈，凸顯農業問題

楊儒門，一位自稱不愛念書的年輕人，回老家彰化二林從事大理石安裝工作，閒暇時下田幫忙阿公、阿嬤耕作。在農村遊逛時，從左鄰右舍的庭院裡敏銳觀察到奇怪的現象，有一種是庭院裡堆疊雜物，看起來凌亂，裡面住著老人和小孩，屋主可能是種田人；另一種房舍如別墅般漂亮，停有進口車，屋主的工作可能是賣農藥、肥料，或是貨運、賣菜、作農機的，與農業相關。

照片提供／中央社

看到這樣的現象，讓楊儒門簡單歸納出：種田的農夫們生活不好過，依附在農業相關產業的人，反而經濟狀況不錯。這也讓他開始思考，台灣的農業到底發生什麼樣的問題？另外，農民得在產品銷售後才能知道價格，無法親自了解、掌握自家生產農作物的販售過程，他也從中發現另一個問題。

後來台灣正式加入WTO，因爲對其政策不滿，楊儒門投書，找民意代表、農委會陳情，反應給媒體，都吃了閉門羹。這些狀況讓他思考著，要不要繼續下去？若想採取抗議方式，又該怎

Profile

楊儒門

農家子弟，出生於彰化鄉二林鎮。二〇〇三年曾以「白米炸彈案」為農民發聲，也因此案入獄服刑一年多。二〇〇八年成立「248農學市集」，現為台北農產運銷公司董事。著有《白米不是炸彈》一書。

照片提供／中央社

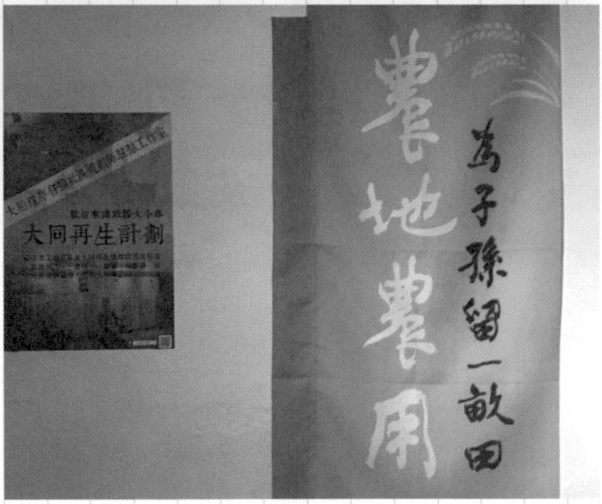

麼做？思考至此，楊儒門認眞研究全球兩百多個激進團體的作法，挑選了他認爲最不傷害別人的方式——自製白米炸彈，黏上要求政府照顧農民的訴求紙條後，置放在台北、桃園、新竹等地，希望引起關注，刺激政府與大衆對於農業面臨自由經濟的反思。

推農民市集，直接面對民眾

楊儒門告訴我，常有人問起他對於當年的事件，後悔嗎？他的回答是：不。出獄之後，他思考未來，一是回家種田，但這只能幫助自己；第二是爲農民做事，但到底要做什麼？

和朋友在香港旅程中，看到當地的農夫市集製造了讓生產者和消費者面對面溝通的機會，農民講述自己種植的方式、水土等等，再把農產品賣給消費者。農民另一個身分也是銷售員，自種自賣。他覺得這樣的概念不錯，便引進台灣，正式推出248農學市集。

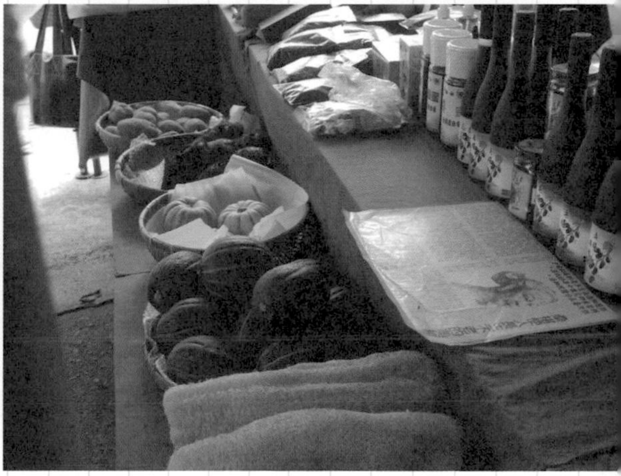

在台北東區，從「太平洋建設」免費提供的場地做起，一處、兩處慢慢做。楊儒門告訴自己，覺得對的事情，就要努力去做，堅持，就會讓大家看到。陸陸續續，在人潮湧聚的地點、車站及周邊，公園綠地或表演場所，到現在做了將近兩百處農夫市集，農委會或地方政府也會給予補助，算是實踐了他長期思考協助台灣農產品行銷的新想法。楊儒門認爲小農經濟慢慢浮現之後，包括政府、民間都在推廣，但要如何推動更正確的概念，給農民合理的價格，都需要大家長期關注。

和楊儒門接觸後，我感受到他對於農業發展的理想性和樂觀態度，更進一步想透過他的觀察，了解到從「白米炸彈客」到他創立農學市集的這段期間，台灣小農的處境有哪些變化或沒有變化的地方？

吃出影響力，提升農業價值

楊儒門提出台灣農業出現的兩個問題：一是收成的農作物賣不出去，產銷出現問題。第二個問題是社會對農村沒有尊重感。以往談農作物產銷問題，提到社會對農村不尊重的態度時，多數人因爲離開這裡的環境、人和土地太久，非常無感；直到食安問題頻傳，人們才開始認眞審視食物來源。這樣的狀況下，人們想以一己之力改變環境，最好方式就是友善對待環境，讓農民在友善環境耕作之後，環境才有可能慢慢變好。

他也觀察到民衆關心農業、土地或環境的意願比以前高很多。這幾年來，透過與年輕人的對話，我也發現一個新趨勢，就是愈來愈多年輕人願意從農，農業也因此產生新價值，他們不會如父母輩單純重視生產，用很多農藥、除草劑，而是知道如何維護地力。

而在農作物行銷方面，楊儒門也發展出各種有趣的點子。比如他告訴我，一碗紅豆湯、一杯有機豆漿，就可以改變這個世界。一家店賣起紅豆湯，一天可以煮十公斤的紅豆，一年就有四噸紅豆的需求，可以讓廣達四公頃的休耕土地，復耕種植紅豆不荒廢。後來人們也發現紅豆是經濟作物，吃飽後的點心；但黃豆是三餐食用的糧食作物，消費量會更高。爲了改善無人購買農作物的窘境，楊儒門主導與農友契作「台南4號」與「高雄選10號」等台灣在地黃豆，適合本土種植，產量好、病蟲害較低，值得大力推動。

拋開維他命，吃當季最健康

除了從農民角度出發，尋找銷售通路之外，消費者又該建立什麼觀念，才能夠幫助台灣在地農業？楊儒門提出三個原則「吃新鮮、吃在地、吃當季」，這樣就好。他舉例，最常見維他命C來自柑橘類水果，但台

灣新鮮柑橘類水果的銷售量竟然比膠囊、粉末和藥錠等各種形式的維他命C來得低，是不是很奇怪？食物吃新鮮的最好，而且吃食物不要吃食品，更不要吃藥品，舊有的觀念都需要被改變。

爲什麼要吃在地？以前蘋果切開，放久了果肉會變黃；但現在有了食物技術，爲了運輸、賣相好，泡過藥劑，蘋果不太會變黃。選擇在地生產的蘋果就可以減少運送，便不會吃到藥劑。而選擇當季作物，簡單、便宜，又好吃，就像夏天是瓜果類農作物產季；冬天適合種植十字花科與菊科蔬菜，除了比較好種，病蟲害也較不易發生，不管是農藥、化學肥料等相關用量都會降低，在各個季節吃相對的作物，身體也會比較好。

至於對回鄉從農的年輕人，政府可以提供技術、資金、土地等農業資源，但楊儒門提醒，首先要具備正確從農心態，提前思考爲什麼想種田？農作物要賣給誰？不但銷路得先想好，價格也要合理，避免收成時滯銷，返鄉若沒有協助到農業，就失去意義了。帶著快樂、樂觀的心，對土地和家庭保有熱愛，是返鄉從農的最佳態度，才能爲促進台灣農業盡份心力。

志揚真心話

“現在的年輕人更敢表達對土地的熱愛，
也是行行出狀元。但堅持走在同一條路上，
不是件容易的事。”

精采訪談連結

點綠成金，一生的志業——吳成富

揮灑青春農耕行，有機好菜在我家

這些年來，愈來愈多喜歡務農的年輕人，投入有機農業。有的來自世代務農的家族；有人則從科技業放下高薪，轉做農夫，只為了回歸家鄉、回歸自然。我認為農業是能夠兼顧生產、生態、生活的產業，也將是未來的顯學。 本篇照片提供／吳成富

我在桃園縣長任內，曾與縣內青年農友座談，這群平均年齡三十歲的青農們，也有他們自己務農的想法。其中平鎮市「沛芳有機農場」的主人吳成富，善用自然知識將有機農產「點石成綠金」，不僅被譽為農業達人，更組成青年農民聯誼會，領著青農們互助合作，爲永續台灣打拚。

吳成富回憶起小時候，看著從事造園工作的父親，黝黑的皮膚上流淌著汗水，讓他感覺父親「好man」。這樣的印象不僅讓他視父親爲偶像，從國小寫作文立下的志願就是「長大後當農夫」，三十幾年來從未改變；從高中到大學都是念農業，如今與太太攜手投入有機農業，成爲家族中唯一的務農子弟。

蒜椒除蟲，種出幸福好滋味

吳成富來自三代務農的家族。一九三〇、四〇年代，台灣青果外銷搶手，享有「香蕉王國」美稱，吳成富的

Profile

吳成富

畢業自嘉義大學農場經營系，於二〇〇〇年與太太洪靜芳一同創立沛芳有機農場。

爺爺在屏東從事青果拍賣工作；六〇年代台灣經濟起飛，吳成富的父親投入花卉、庭園造景、韓國草皮種植的行列；九〇年代，食品安全抬頭，吳成富返回家鄉桃園從事有機蔬菜種植，一家三代從農的歷史，見證了台灣農業發展。

吳成富是從學生時期與「有機」結緣。當時實習課的作業是種植農作物，品項自由選擇，學期末視成果評比。阮囊羞澀的學生們買不起農藥和化學肥料，腦筋一動，跑到畜牧科搬牛糞、羊糞做堆肥；不可能買殺蟲劑，就用辣椒、大蒜、醋的研磨成品取代，這些都屬於農作物種植的天然資材。沒想到學期末，農作物收成豐富。吳成富和夥伴

們，一人湊二十元，買米、買肉，搭配的蔬果都是大家親手種植的收穫。吃入口中，備感幸福，也讓吳成富奠下未來從事有機農業的初步基礎。

吳成富和太太一起務農，創立自家有機農場，先生負責農場生產，從紐西蘭學成歸國的太太，則負責商業行銷。經營上也巧妙運用農耕自然原理，錯開病蟲害大發的時間，就不需要噴灑農藥；種植當季作物，符合農作物本身需求，使其不需要任何添加物就能自然成長。

真假有機，百道檢測說了算

吳成富在農場會採取「深耕淺種」概念，就是翻耕土地時翻深一點，送進足夠的空氣。而種得比較淺，則是讓根系慢慢茁壯自然向下伸展，會長得比較好。此外在蟲害的部分，參考各區農業改良場與害蟲行事曆，配合觀察、記錄現地的狀況，避免正面碰上。舉例來說，玉米的害蟲玉米螟，在北部地區的好發期是六月底、七月上旬，一直到九月期間，因此五月、六月就要採收玉米，避開蟲害大發生期，就可以有效抑制害蟲影響。

此外，因爲蟲是挑食的，鮮少有蟲什麼都吃，利用這種特性，定期更換作物；比如溫室裡這批小白菜收成後，下一批就換種A菜，再下一批換種空心菜，讓害蟲找不到食物，面臨斷糧危機。同時，採用定植方式，在比較好的環境中成功育苗後，再移植進田裡，也是有效控制病蟲害發生的好方法。

農民種植有機農產品，細心栽培，無非希望到了市場吸引消費者青睞，賣得好價錢。但市面上充斥不少標示有機的高價蔬果，如何簡易辨識有機農產的眞假？事實上，台灣對於有機農產品的定義相當明確，並有正式的有機認證管理法。要稱爲有機，必須正式通過第三方機構的檢驗合格。以吳成富的有機農場爲例，除了遵守無毒、無農藥等一般大家認知的有機最低標之外，水和土壤必須經過ISO認證過的實驗室進行八大重金屬檢測，檢測值必須符合國家標準；還有田間的區域和操作方式也必須遵循有機認證管理法中明定的部分；農場上的農作物也要經過四百多種農藥檢測。

經過這一連串程序後，農場上

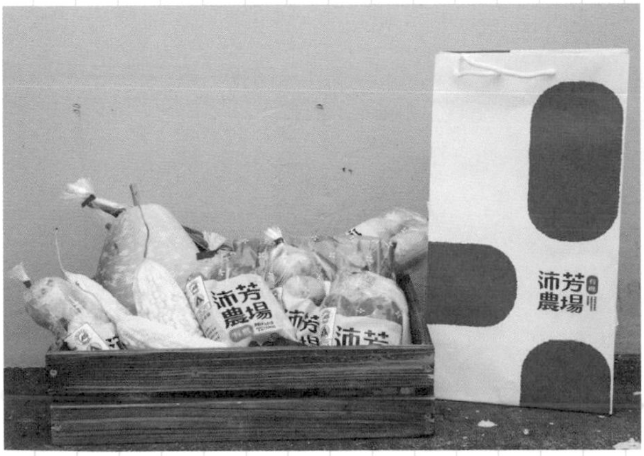

的農作物才有資格被第三方認證爲有機農產品。之後的每一年，都要追蹤查驗，且不定期抽驗，罰責相當明確。對於不合格的農產品，不問理由直接開罰，完全沒有限期改正，以減少混水摸魚的機會。消費者可以參考產品標籤，選購有CAS跟有機認證農產品字樣的商品。依照現行規範，只要未經認證而使用這個字樣的業者，可處以六到三十萬新台幣的罰金。

農民學院，上學首先練彎腰

對於有意從事有機農業的年輕人，吳成富提出的建議是，從農之前，先到行政院農委會舉辦的農民學院去上課，選定發展種類後累積基本知識，接著到見習農場試做，看看自己是否適合務農？很多轉型務農的人，從農遇上的第一個困境就是體力不夠，光是彎腰、曬太陽就足以累癱，如何繼續？

目前加入農業的年輕農民跟傳統農民有大大不同。過去的農民是純粹的生產者，對政府的期待就是資材、肥料、土地等相關補助；年輕農民在意的是價值，多數希望政府輔導他們如何促進產業蓬勃發展，比如說怎麼跟文創、觀光休閒結合；或者跟社區結合，讓更多消費者了解吃的東西是怎麼生產等等的食農教育。

現在的青年農民有很多想法，不再把農業當作最初級的生產事業，而是希望農業有其價值。把土地的活力還給土地，它就能充分發揮原來的功能，給我們相應的報酬；把土地看成自己的小孩，好好照顧它，讓它身強體壯，它就能長出作物讓我們採收，大家找回最原始生活的快樂，這才是我們的理想農業。

志揚真心話

“我一直覺得從農是值得驕傲的，
未來人們遲早會碰上糧食危機，
要有概念和方法，為自己生產。”

精采訪談連結

用掌中戲偶，跟世界做朋友——呂慶龍

法語搬演布袋戲，行銷台灣NO.1

二〇一三年，我率團到法國為桃園航空城招商，那天，呂大使突然拿出布袋戲偶，以精彩靈活的表演，對白流利的法文，博得滿堂彩。法國人喜愛他的程度全寫在臉上。他像是位Top Sales，推銷的產品就叫「台灣」。 本篇照片提供／呂慶龍

二〇一五年十一月，法國巴黎發生令人遺憾又傷痛的恐怖攻擊。網友搜尋相關資訊時意外發現一段影片，是台灣駐法國代表處前特任大使呂慶龍應邀參加法國西部布列塔尼地區「中小企業奧斯卡頒獎典禮」。典禮上，他以法語演布袋戲，唱作俱佳地說起台灣民主、台法免簽、國籍航空直航，說學逗唱樣樣精通，讓法國人拍手稱好。這段影片立刻被網友瘋傳，點閱次數高達八十六萬多次，這位年近七旬的資深外交官，魅力可見一斑。

掌聲不斷的頒獎典禮

呂大使在法國奧斯卡企業頒獎典禮上造成轟動，是件美麗的巧合。當時仍在特任大使任內的他，因爲經貿領域議題，經常和代表處同仁或對外貿易發展協會在法人員，拜訪法國境內各地的工商會，也會趁著工商會舉辦年會期間做專題報告。

法國企業奧斯卡每年頒獎一次，選

出三家中小企業，得獎者可以任選一個國家進行商務參訪。二〇一四年獲獎的三家企業不約而同選擇了台灣。回法後在二〇一五年年初舉辦的頒獎典禮上，分享所見所聞。頒獎典禮地點在聖馬羅市（Saint-Malo），當地商會與台灣駐法代表處互動密切，他們的進口總額，從台灣來的就占一．一％；出口總額裡，賣到台灣的也占〇．九％，數額相當可觀，對雙方來說都很有意義。

因爲主題是台灣，主辦單位也邀請大使出席。典禮當天有電視現場直播，一百六十萬觀衆同時收看，主持人特別叮嚀大使：因爲節目緊湊，只能講兩分

Profile

呂慶龍

資深外交官，曾任外交部發言人、駐海地共和國大使、駐日內瓦辦事處首任處長，更三度擔任駐法國代表，在法長達十六年，是梅贊（Mézin）、格拉貝爾（Grabels）兩市榮譽市民。布西聖喬治市更有一條「呂慶龍巷」（Allee Michel Ching-long Lu）以他命名。

鐘。他回覆：「我會給你一個Happy Surprise。」

登台向現場來賓鞠躬致意後，大使拿出布袋戲偶，請帶著訝異眼光的主持人幫忙拿麥克風。整場只見他以布袋戲結合當天主題即興演出，講到長榮直航及免簽時，還用台語唱起〈愛拚才會贏〉，博得現場千名企業主及來賓如雷掌聲。在一般人的認知裡，布袋戲是台灣傳統戲曲代表之一，當然要用閩南語念才會有味道。但是大使融入巧思，以法語搬演布袋戲，也是他能成功透過布袋戲行銷台灣，跟世界做朋友的訣竅。

當晚，聖馬羅市市長力邀大使簽約，他應聘成爲該市拓展觀光的發言人；中小企業協會主席也親自向大使致謝，說是企業奧斯卡舉辦十六年來，第一次這麼熱絡，這麼開心！那天晚上還有高等學院的老師帶了四十幾位學生參加頒獎典禮，學生們把大使團團圍住，輪流和大使合影留念。

教授也說未來將送法國學生到台灣實地見習。

享受挑戰的沒問題先生

包括法國人在內，很多人驚訝於呂大使的流利法語。他常常開玩笑說，他的法語完全Made in Taiwan。他本來從小立志成爲老師，但高中時的三民主義老師——反共作家宋承書告訴他，他講話和寫字的速度很快，適合當新聞記者。大學聯考時於是報考乙組（文組），進入淡江法文系就讀，並以第一名的成績畢業。大學時期的所有老師都曾建議他到法國深造，但因爲家庭環境的原因，短期內無法成行。畢業後入伍，意外被派到馬祖服役。

我還記得那個時代抽中金馬獎（到金門、馬祖服役）的役男，多數彷若世界末日來臨一般。唯有呂慶龍，除了帶宣紙、拿毛筆練字靜心之外，一天三小時就可以把負責的工作做完，一天念五個鐘頭法文，把新聞局介紹中華民國台灣的相關資料帶去，從頭背到尾，忘了再回頭背。就是這樣，奠定了他能夠以流暢的法語介紹台灣三天三夜的本事。

後來，新聞局招考法語和西班牙語人才。呂慶龍服役期間就投考，退役後就進入新聞局聯絡室，專門接待外籍記者，前後三年三個月。當時只要接到陪同訪賓、記者的任務，他從不說No，英、法語都接，爲他贏得「No Problem」的綽號；後來到瑞士日內瓦推動參與WHA（世界衛生大會）、在海地鞏固邦交。回憶起這些往事，大使認爲：這些事情不只是挑戰，更充滿了趣味。

主動出擊的「敲門哲學」

法國是全球第五大經濟體，文化、科技、航太、各項醫療衛生，特別是最近在巴黎舉辦的COP21聯合國氣候變遷會議，讓全球刮目相看。

因此與法國建立良好關係，對台灣來說相當重要。爲了積極提升台灣的形象，介紹台灣的多元文化，促進經貿，呂大使經常和文化、教育、科技、經濟、新聞等各組組長，以及貿協巴黎辦事處主任拜訪相關人士，想盡辦法推銷台灣，這是他的「敲門哲學」，機會需要不斷敲門才會敲出來。他希望廣結善緣，只要對方了解台灣，就能保證讓對方愛上台灣。

呂大使用他的熱忱、爲台灣發聲的勇敢，以及他對法國文化深入的了解，用從小學會的布袋戲征服了大家情感交流的過程，促成台法間的熱烈交流。目前兩國簽署超過四百個高等教育合作計畫，科技化合作有十一項協定、五十八個合作計畫進行當中；台灣留學生在法國人數從一九八〇年少於三百人增加到目前超過三千人。能擁有這些傲人的成績，都在於台灣自身擁有好條件，能勝任優質的合作夥伴，才構成台法雙邊穩固的互

動基礎。

台灣擁有美好的天然環境與特殊的國際地位，自然也帶來不一般的獨特挑戰。一生都在從事外交事務的大使始終堅信，一切端看每個人如何充實自己，如何接受挑戰、應付挑戰，因爲努力就會有機會，這也是今日台灣的寫照。

志揚真心話

如果想讓日子過得快樂、充實，
就必須有充足準備，為自己打造堅強實力，
有實力就不怕挑戰、有實力就有信心。

精采訪談連結

公益也能變成一門好生意——鄭家鐘

活用資深媒體人經驗，讓公益更有意義

許多人一直思考如何在市場和公益間取得平衡，好透過民間力量解決社會問題，「公益創投」因此應運而生。就像商業投資的概念一樣，不同的是，衡量的標準不是金錢數字，而是這件事能夠幫助哪些人事物，又要如何幫忙？本篇照片提供／鄭家鐘

鄭家鐘本是資深媒體人，曾經擔任《工商時報》總編輯到社長、中天電視董事長、中國電視公司總經理、旺旺中時集團的最高顧問，資歷驚人；也曾跨足網媒，負責《中時電子報》，可以說不論電子、平面與網路等媒體，都是他的專業領域。如今他熱衷公益，從媒體業跨足公益平台，充分發揮過去的媒體知識與手腕，讓需要幫助者得到幫助，讓有志於公益者成就善心。

談起投入公益領域的動機，鄭家鐘以「因緣巧合」來說明。在媒體業工作三十幾年之後，他開始思考人生下半場，是否還有不同的發展空間？剛好有機緣接觸到藝術與公益，就此喜歡上這個工作。他巧妙地以王建民登上大聯盟來比喻自己的下半場，在他眼中，不管過去從事什麼行業，即便是長年投入的媒體業，都只是練習場，如今的公益事業，才是自己真正發光發熱的舞台。

被動變主動，捐錢不如創投

早期所謂的慈善活動，多是由企業或獨立基金會，捐款給被視爲「弱勢」的社福團體，因爲弱勢，所以被動的接受他人好意。但現在的觀念不一樣了，社福團體成爲願意挺身而出，爲社會解決市場經驗與政府做不到的難題，從此成爲了「人民英雄」。其實社會上也有許多企業，一開始的立意就不是純粹以賺錢爲目的，也就是「社會企業」，典型的如英國將所得盈餘百分之百捐出，用於淨水計畫的的Bleu。不過依據台灣現行法令規定，只要捐出盈餘百分之二十即可稱爲社會企業。

Profile

鄭家鐘

資深媒體人，曾任工商時報總編輯及社長、中天電視董事長、中國電視公司總經理及旺旺中時集團最高顧問。現任台新銀行文化藝術基金會董事長。

值得注意的是，有一股力量被稱爲「社會創投」，涉及到捐款要怎麼用的問題。對有些企業來說，錢捐出去就歸類於消費了；但社會創投畢竟是一種「投資」，仍然講究「回報」，只是回報的不見得是金錢，而是捐款對社會產生的效應，它足以消除某些問題，達到效益極大化，讓錢不只是平白地被消費掉。這讓我想到曾榮獲諾貝爾和平獎的尤努斯基金會，以及許多窮人銀行，應該就屬於這類創投。

鄭家鐘也提出自己的看法，他看見台灣民眾不乏愛心，捐錢、出力不落人後；但共同的問題是：捐了這麼多錢幫助這些人，有幫上忙嗎？到頭來還是得像俗諺所說，「給他魚吃不如給他釣竿」，社福團體的幫忙只是一時的，最終目的還是讓接受幫助者得以自立自強。這與窮人銀行概念相似，借錢給窮人並不是爲了收取利息，而是把「借錢」當成媒介，讓貸款者未來有機會可以自己站起來。鄭家鐘也是這麼看待社福團體的：如果要做慈善，就要讓這些人民英雄靠自己的力量站起來，這樣慈善的工作才算完整。

創新公益模式，永續社會投資

鄭家鐘也提到國外新型態的公益模式——社會債券，由社會大眾出錢購買債權，幫助地方公益團體。在一場研討會上，他聽到一位來自歐洲的金融業者談到發行社會債券，他相當驚訝，因爲社會債券的回報率肯定很低，跟一般高收益債券完全不能比。他當下提出質疑，這樣的情況下會有人買嗎？對方這麼回答：「鄭先生，如果我買了一張社會債券，回報率爲零，就表示債務人用這筆錢建立了一個事業，事業依然存在，只是沒有回報，所以投資報酬率爲零。但如果我捐了一筆錢，那回報率等同負百分之百，負百分之百比上百分之零，

我是大賺。」

這概念在歐洲非常流行，很多慈善家不只捐一筆錢，還可能和受贈者約定投資其公司、股票、債券，目的不是要求回報，而是希望受贈方能好好經營事業，養活自己，變成正向循環，那捐出的款項就富有意義。換句話說就是，歐美的慈善事業已經開始朝永續社會投資的方向實行，而東方的慈善大部分還停留在消費性的捐款活動，有錢人拿出一筆錢協助經濟受難者，一時三刻解決問題，但對方是否有能力靠自己站起來，在過去很長的時間裡，從事慈善事業的人都沒有意識到這一段。

幸而現在台灣有很多社會企業、社福團體，開始有此意識。鄭家鐘的團隊二〇一一年起輔導安康啓智教養院逐步建立自己的募款機制，讓教養院從募資不滿二十萬，到二〇一五年，已能自行成功募集六千多萬，預計將持續募款，興建院舍，以提供院生更優良的環境。台新銀行公益慈善基金會在流程中，協助社福團體建立自己的故事能力、行銷能力，取信於社會的能力，能力健全之後，社福團體的募款就完全可以自己來，募得款項比台新公益平台還多。

慈善企業化，形成良性循環

鄭家鐘也觀察到：歐洲跟香港有很多社會企業的參與者，大多是媒體人出身，因爲好事要怎麼宣傳至關重要。好的理念，媒體人能夠用故事去包裝、做宣傳，贏得較大的社會迴響。一般人往往只會做，做了又不會說，所以輔導公益團體的流程裡，主要就是輔導他行銷自己的能力。以如今已邁入第七年的台新公益慈善基金會公益平台爲例，每年八月開放社福團體提案，九月做評選、資格審查等，十月份納入票選平台，十一月發動「您的一票，決定愛的力量」全民公投。根據每年募款金額，分爲五十萬，二十萬、和十萬共三組。

從提案開始到最終得獎，社福團體得層層闖關，先從願意提案開始，學習如何清楚說明款項的使用方案；進入票選階段，則要學會行銷自己，像是某些老人院的單位，因爲消息封閉，較難獲得票數，於是發動子

弟到人潮聚集處幫忙宣傳，請民眾透過臉書帳號投票，這就是行銷與溝通手法的一種。而在成功入選之後，台新公益平台也會動用上百名義工，輔導社福團體結案，並將財務報告在網路上公布，打破過去財務不透明的狀況，因爲錢有沒有用好，捐贈者與受贈者雙方都要學習，民眾要學習怎麼相信社福團體，社福團體也要學習如何取信於民眾，透過這樣的良性循環，成爲固定活動。

台新公益平台也動員了社會上許多人的善心，聯合其他企業員工，組織了四、五十家「台新愛心天使團」，由成員無償協助社福團體，這都是善的具體表現，鄭家鐘也認爲他們是台灣的希望；同樣的，社福團體也應該從完全被動進步到可以主動，知道如何改換門面，將招牌經營好、包裝做好，慈善也能企業化，目的不在賺錢，而是爲了永續發展，使每個人的小小善心漣漪擴大成推動社會進步的浪潮。

志揚真心話

“活用自身能力投入慈善，
那種感動與成就感，
是無論如何都買不到的。”

精采訪談連結

異域孤軍在桃園生根——王根深

魅力滇緬風情，故事文化好味道

在桃園，鄰近中壢與平鎮的交界叫作龍岡，不少男生年輕時曾在此服役；這裡聚居來自雲南和東南亞幾個國家各個族群的人，即使面對時代的演替，至今還是各自保有族群的特殊文化與生活習慣。本篇照片提供／王根深

桃園，是個很特別的地方，是台灣多元文化濃縮地。閩南、客家、原住民、眷村、新住民等等，各種族群與其特色文化，在桃園都找得到。來趟龍岡彷若走訪聯合國，從文化、服裝、藝術、飲食、語言、音樂，可以看見不同族群的色彩。

在龍岡，我遇見當地商圈領袖級人物——桃園雲南商業協會理事長王根深。從緬甸移居台灣的他，曾經是「異域」孤軍的一員，透過故事，從歷史、文化還有美食的角度，帶領大家感受龍岡特有的滇緬異域風情。《異域》是作家柏楊創作的戰爭文學作品，有些人認爲這是一個傳說或杜撰的小說，其實不然。這是眞實發生的故事，王根深就曾是其中一份子。

身在滇緬邊境，行動守護台灣

這個故事發生時間是在國共內戰，一九四九（民國三十八）年以後，國民政府退守台灣；當時有一千多名國軍，

從雲南撤退到緬甸，因爲失去政府奧援，在書中被稱爲「異域的孤軍」。當時這一千多名國軍不想放下武器，冀求繼續反攻雲南，後來這群人與台灣政府成功連繫後，更曾發展至數萬之眾。

但後來受到國際壓力，一九五四年撤回來七千多人居住在龍岡。留下來的國軍繼續進攻，曾打贏好幾個縣市，只是守不住又退回來。又過了幾年，再次撤回五千多人到龍潭干城五村等地。台灣情報局接著還在滇緬邊區成立光武部隊，從事情報工作，也打游擊。王根深在一九六六年加入光武部隊，受訓時期有六十五人，後來在一場戰役中，死了

Profile

王根深

滇緬人，十五歲入光武游擊隊從軍，一九七五年後移居台灣。阿美米干創始店負責人，現為根深企業集團董事長，致力推廣雲南美食與文化。

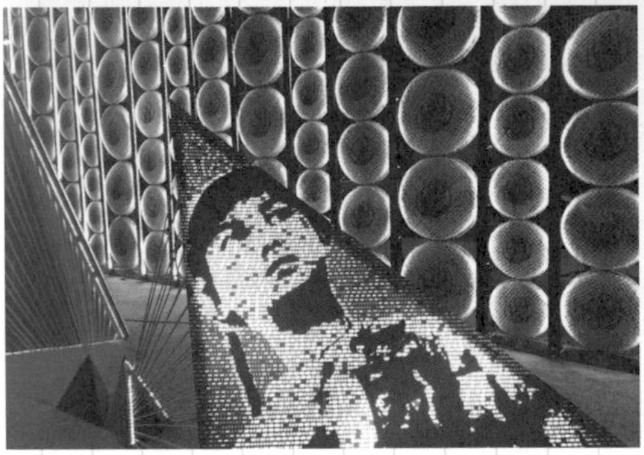

三十幾位。

在那樣顛沛流離、出生入死的年代，台灣的一支部隊可以在別的國家生存前後二十五年，在世界上恐怕不會再有同樣的情況發生。當年異域孤軍前仆後繼地守護台灣海峽，只要有一絲風吹草動，就拚命攻擊大陸西南邊牽制中共，使其無法大批調度兵力侵台。但當年這批軍隊腹背受敵，因不時突襲中國大陸，引來對方回擊，就連緬甸軍都想攻打異域孤軍。幸而，一九四九年，緬甸剛剛獨立，國力較弱，這批異域孤軍才能一直生存在那裡。一九七五年以後，部隊分梯回台，最大的一批七千多人，就來到龍岡忠貞新村。

三千米千長龍，展現產業特色

異域軍隊遷回台灣那時，龍岡是全台灣眷村最密集的地方，一戶人家分四．五至四．八坪的居住空間，非常小且克難。王根深說部隊撤回時，從滇緬帶來三樣東西：一是孤軍遷徙的故事，另一件是帶來東南亞一帶及雲南西南一帶的少數民族文化；第三樣是帶來味道——雲南米干。有味道、有文化、有故事，讓大家能感受到生命力。

那時來到龍岡的七千多人中，有漢人、滇緬地區的少數民族、眷屬大部分是雲南人，所以有非常多語言，吃的也很特別。我擔任桃園縣長時，起頭協助龍岡舉辦米干節，也規畫了雲南文化公園，這是全台灣第一座以雲南為主題規畫的文化公園，把異域孤軍的故事、文化、味道集中在此展示。

龍岡地區有四十一家米干店，米干類似台灣的粄條，是當天早上現磨現蒸做出來的，保留米的香醇度，完全沒有添加任何修飾澱粉，所以無法保存，現做現吃，是地方特色，也是地方產業。後來桃園縣政府規畫龍岡米干節，推廣米干。二〇一四年，

龍岡居民做了米干長龍，把米干一碗接一碗，連結成三千碗的長龍，打破日本保持的二千四百碗麵食的金氏世界紀錄，而且米干長龍的紀錄也被評爲全世界當年最有趣的網路票選第一名，相當不容易。

在地文化扎根，就從節慶開始

重視文化傳承的王根深，除了堅持保留異域故事不可失傳之外，也很重視在地文化的扎根，比如打歌文化的推動。打歌文化在雲南西南，還有緬甸、泰國、寮國山區的少數民族都有。相傳三國時代孔明南征時，有次被敵人包圍，當時敵衆我寡，孔明軍隊無法突圍。入夜後把附近村寨居民集合起來，拿起家裡的樂器、鍋碗瓢盆，又敲又打製造聲音，還搭起很大的篝火。敵人一聽，以爲這兵力不少，夜夜笙歌就退兵了，附近村落也得以保存。孔明離開後，村民把這文化保存下來，過年節、婚嫁和豐收場

合，都有打歌表演，因爲是打仗時候流傳下來，所以稱爲打歌文化。打仗時候唱的歌，其實就是虛張聲勢。

現在只要天氣許可，每天晚上在雲南文化公園裡，都有打歌活動。遊客白天可到大溪、兩蔣陵寢遊玩，傍晚到龍岡享用米干，吃飽喝足後到雲南文化公園欣賞打歌文化。除此之外，依不同的規畫，把各種節慶習俗加進米干節。其中的「浴佛」，就是把一年的不愉快洗盡，洗回明年的希望；潑水節，傣語系國家的佛教節日，大家用純淨的清水相互潑灑，祈求洗去過去一年的不順，新的一年重新出發。前兩天是去舊，最後一天是迎新。

還有雲南彝族的火把節，相傳天神派下凡的使者，無惡不作，敲詐勒索。民間派了大力士與他對抗，把使者打死。天神得知後大怒，派了天蟲下凡吃盡所有莊稼。彝族人民就用火攻燒蟲，部分蟲土遁去了，每年春季出現，村民就再次拿火到田裡燒。

最特別還有長街宴。雲南少數民族在農忙結束以後，每家出一道菜，把桌子搬到大街上，一條條接起來，叫長街宴。沒用什麼餐具，用手來抓，用非常原始的生活與天地的共存，自然的方式來做。有機會來到龍岡參加米干節，除了大啖米干，還可以打歌、跳火舞、玩潑水。不用出國就可以體會東南亞節慶之美，也是桃園獨有的休閒之美。

志揚真心話

“我曾去過龍岡舉辦的潑水節，
他們沒有在客氣的，離開後把鞋子脫下，
倒出非常多水，但玩得非常過癮。”

精采訪談連結

因爲有愛，不用再流浪！——劉憲宗

伴隨咖啡香的中途之家，爲流浪貓狗找爸媽

你曾經想過，喝咖啡也有機會幫助流浪狗、貓嗎？在台北車站後站小巷內，有家咖啡店「浪浪別哭」，兩層樓的空間收容流浪貓狗，有別於公立動物收容所。這裡充滿「家」的味道，主人照顧牠們，更希望透過咖啡廳碰到有緣人，把牠們接回去繼續照顧。攝影／楊志雄

咖啡店取名「浪浪別哭」，好似突兀，但知道了名稱由來——讓流浪貓、流浪狗別哭——以及店內的故事之後，讓人感動又感佩。咖啡店主人劉憲宗夫婦收容、照顧流浪貓狗，同時媒合飼主，還會捐出部分收入給其他相同性質機構；這是很特別型態的社會企業，如此無私的心意令人感動，也令人由衷感佩。

劉憲宗夫婦都很疼愛動物，太太提出在自家收容一些流浪動物，可以暫時照顧牠們，也就是個人的動物中途之家的概念。有了想法之後，他們針對公立動物收容所，或是一般私人的動物收容所及中途之家做了調查，從中發現盲點，就是這些地方可能沒有辦法吸引到很多人去看。公立動物收容所的氛圍，會讓人害怕進去，很愛動物的民眾更不一定會踏進那地方，因爲一去每隻都想救出來，怎麼辦？因此夫婦倆決定提供一個溫馨、能讓流浪動物與一般民眾接觸的地方；咖啡店是開放空間，大家都

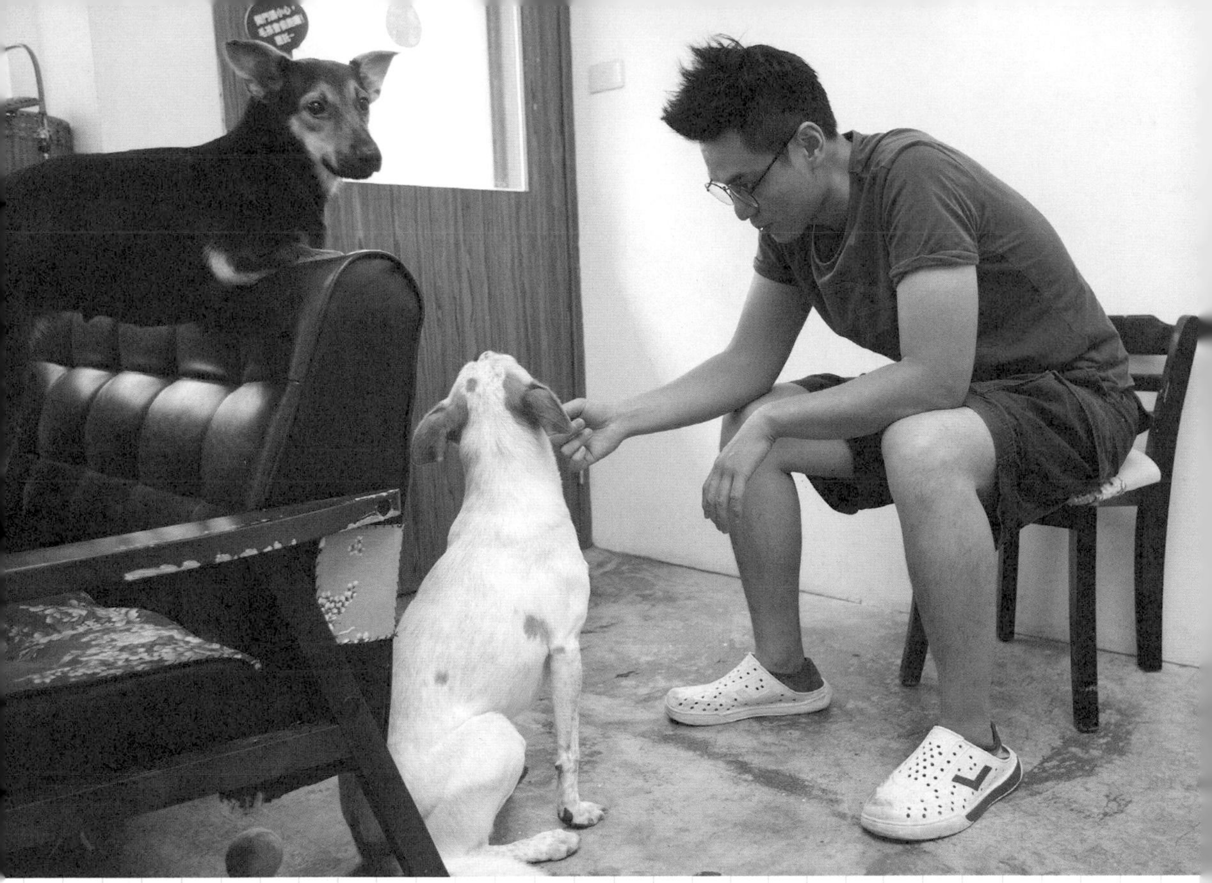

可以進來，就可以和毛孩子做第一線的親密接觸。

因為阿河，浪浪不哭了！

劉憲宗夫婦成立「浪浪別哭」的概念，來自於「阿河別哭」。「阿河」是一隻河馬，在業者運送過程中不慎被摔落在馬路上，後來移置時又因吊掛繩索斷裂，再次重摔，最後不幸傷重死亡。劉憲宗看到阿河的新聞時，覺得原來台灣或人類對展演動物的照顧竟然是如此的草率輕忽。

當時剛好劉憲宗有朋友任職私人動物園，跟他們講起故事，說明事情的經過發生。劉憲宗心想有太多事實一定要

Profile

劉憲宗

二〇一五年八月與太太譚柔開設「浪浪別哭」咖啡店，以咖啡店結合貓狗中途之家，期許為流浪動物及環境盡一份力。

讓大眾知道。於是成立臉書粉絲團，情商朋友協助畫些插畫，透過以插畫為主軸的方式，敘述這些故事以及它帶給我們的啟發。粉絲團成立後吸引許多網友點閱，了解事情發生原委，也引起媒體關注、報導。

後來判決出爐，相關單位確有過失，「阿河」被市立動物園接收做成標本，事件便告一段落。當時劉憲宗曾經想要幫助更多展演動物，但衡量了自己的力量，還無法觀察、監督這類議題。改而從自身、自己養狗思考，這幾年流浪動物議題頗受關注，他決定幫助這些流浪動物，就把「阿河別哭」的概念轉換延伸，改成「浪浪別哭」。

貓狗保姆，助浪浪適應環境

二〇一五年八月「浪浪別哭」咖啡店開始營業，目前最大的容納流浪動物數量是兩隻狗狗，五隻貓咪，這並不包含劉憲宗夫婦自己養的兩隻狗及兩隻貓咪。劉憲宗以自己養的貓狗作為固定的店狗、店貓，帶領新來的貓狗，讓牠們知道這裡的生活型態，潛移默化引領新來的朋友，幫助流浪貓狗適應環境。而且由於是用自家空間經營，容量有限，必須送走一隻，才會再接一隻。

一般來到「浪浪別哭」的動物，多數是長年關心流浪貓狗的愛爸愛媽們送來的，他們救到貓狗時，會先尋求可以暫時收留、安置的中途場所。若被送至「浪浪別哭」的話，劉憲宗會先要求為貓狗做預防檢查，例如快篩和一些基本傳染病檢查，確認貓狗有沒有得到如犬瘟、腹膜炎、貓愛滋等傳染病；未罹患傳染病者，則送去打第一次的預防針，並取得健康手冊，未來就可照依手冊，例行性為狗貓做心絲蟲治療和除蚤等預防性處理。

把貓狗照顧好，按時打預防針，避免生病；讓牠們適應人類，重新找回對人的信心之後，劉憲宗會視狀況，媒合有心領養貓狗的人，並經過嚴格身家調查，確定這些人會善待小動物，就把貓狗交由對方飼養。

精心嚴選，為貓狗找對主人

針對有人若有意願領養「浪浪別哭」的貓狗，劉憲宗會先請領養人填寫問卷，初步了解領養人的年齡、

經濟狀況、住自宅或是租屋、有沒有養過動物、是否打算結婚等等。問及有沒有生育小孩的計畫，是考量到有些夫妻生小孩之後，很可能就不養動物了；至於詢問家庭成員狀況，主要是因爲與父母同住時，可能會發生自己想養貓狗，但父母不知道，或是租屋時也得了解房東是否知道且同意飼養貓狗，甚至於考量到社區是否接受貓狗的諸多狀況。

這部分都清楚了解之後，有些時候也會碰上好幾組人想領養同一隻動物的情況。劉憲宗會從中挑選條件不錯的幾組，並安排在咖啡店裡面試。有可能由他和負責照顧貓狗的義工，甚至邀請將拾獲的貓狗送到「浪浪別哭」的民眾，一同參加三方面談，大家一致認爲認養人符合資格，才會將貓狗送上門，並經過親眼看看環境，也就是最後一關的家訪，過關後才會放心。

貓有貓格，狗有狗格

談到領養貓狗時應有的心態，劉憲宗的看法是一般民眾如果未曾養過貓狗，會希望他們能認知到飼主對毛孩子的教育非常重要。飼主有義務照顧好領養的動物，讓牠可以待在與人共存的空間裡，接著帶出去與不排斥動物的民眾接觸，讓動物不會有攻擊性，也比較敢親近人，狗與狗之間

若可以玩在一起，就表示飼主的教育是成功的。

基本上養貓狗動物和養小孩一樣，要愛惜牠；希望小孩的人格健全，所以養貓狗也要注意如貓格狗格健全。事實上，動物剛出生，接觸到這個社會時，不懂與人相處的問題，在「浪浪別哭」的優點是，因爲咖啡廳屬開放空間，客人很多，可以第一線接觸到動物，動物也是第一線接觸到人類，在社會化的過程，牠們可以與人親近，就知道人類其實不是很恐怖的動物。

雖然劉憲宗希望想辦法救助流浪貓狗，但他認爲更重要的是不要製造流浪動物。飼養動物時，首要的觀念是，狗貓的壽命大概十幾歲，寵物將來一定會比你先走；除此之外，還要體認到動物沒有健保，生病要花很多錢。更重要是把牠們當成家人，負起照顧的責任，才能漸漸杜絕流浪貓狗的產生，成爲友善動物環境。

志揚真心話

“若養了動物，就要把牠當成家人照顧，負起責任。”

精采訪談連結

高齡化社會，我們準備好了嗎？——薛承泰

未來十年的台灣，你不能忽視的人口問題

未來十年，台灣大概會是什麼樣子？會有什麼危機？我想這是我們必須關注的。二〇二五年來臨時，台灣進入所謂超高齡化社會，連帶產生競爭力、人口結構、照護等議題，可能拖垮社會的發展，令人膽顫心驚。本篇照片提供／薛承泰

「未來十年台灣不可避免的幾個現象，只跟人口有關。」長期研究人口議題的台大社會學系教授薛承泰教授這麼說。二〇一四年末，台灣老年人口占總人口百分之十二・五，經濟合作暨發展組織（OECD）國家和歐盟國家的平均值在百分之十七至十八之間，相較之下，台灣偏低許多，也更遠低於全世界最高的日本，在日本，一百個人之中就有二十六個是老人。但爲何媒體常說台灣高齡化已成世界第一快？

其實媒體漏了兩個字：未來。值得注意的是，從目前的百分之十二・五開始，台灣會在短短十年內衝到百分之二十，老年人口快速增加；二〇六〇年，台灣的老人人口比率會衝破百分之四十，十個人中會有超過四位是老人。現在的大學生，到了二〇六〇年即邁入老年，所以不得不關心；但更重要的是，這其實是每個人都該關心的議題。

事實上，台灣人口數高齡化，一點都不稀奇，稀奇的是速度特別快。薛

承泰點出高齡化的重要因素之一，就是生育力下降，不但持續下降了六十年，二〇〇三年更曾跌到百分之一．二三，被聯合國列爲全球生育率最低的國家。一九五〇年的台灣，一位婦女生七個小孩，當時的生育率應該是世界最高。現在大概一．二至一．八個之間。在歐洲國家過往的經驗裡，低於百分之一．三叫作超低生育率。因爲當低於這個數值之後，就算祭出任何鼓勵措施，效果都有限。這就是爲什麼歐洲國家的生育率總維持在百分之一．七至一．八，掉到百分之一．六就要拉警報了。

活得太老竟然有風險！

隨著超高齡社會的來臨，首當其衝

Profile

薛承泰

美國威斯康辛大學麥迪遜分校社會學博士。曾任台灣人口學會常務理事、行政院政務委員等職務，現為台灣大學社會學系教授。

無法迴避的問題就是「勞動力」，勞動力會減少，同時趨向高齡化；其次是「教育」，當年高等教育要擴張，應該是順著人口的趨勢調整，而不是盲目擴張，才會造成現在嚴重招生不足的窘境。最後一個也是衝擊性最大的問題——老人照顧，長期照顧到底要採稅收制還是保險制？這問題才叫人頭痛。

除了生育率下降之外，平均壽命延長，也是高齡化社會成因之一。過去的人，也許退休十年就離開人世；但現在的人，退休三十年還安好在世上，就算每個月領的錢少，但因為活得更久，總數是多的。

我曾看過聯合國世界衛生組織發表，因為人的歲數不斷延長，連帶影響老人認定跟老人福利給付，甚至退休年齡都要往後移，因此修正「老人」的定義。薛承泰回應這個說法，退休年齡延長，法令也必須要跟著「老人」的定義改變，但從六十五歲延長到七十歲，就會產生影響，勞動力亦是如此。比方說，原本六十五歲退休，卻被要求七十歲再退，那麼六十五歲到七十歲之間，產能是低的，但因為資深，薪資拿得多，累計起來恐怕比退休金還多；政府以小賠大，而且還擋了年輕人五年的時間，可能產生很多後遺症，不見得可以一體適用。

誰來照顧我家的老人？

二〇六〇年的台灣，將面臨老人人口數全世界超高，也就是人口老化最嚴重的狀況。傳統社會裡，人們平均壽命沒那麼長，老人家一生病沒多久就離世，需要的是短期照顧，當時家裡人力多，照顧不成問題。但現代家庭結構轉變，人力變少，若有一位需要長期專人照顧的老人家，就會出現「誰來照顧」的問題？

通常有兩個選項，家人自行照顧，或者是請別人來照顧自家的老人。在工業國家，大家忙於工作，無法照顧家中老小，只能請託他人照顧。尤其是年幼的孩子，父母因打拚事業無法照顧，孩子長大之後親了關係變得薄弱，這就是代價。

台灣目前最需要長照的就是八十歲以上的老人，他們是台灣有史以來擁有最多成年子女的一群，他們子女的兄弟姊妹最多，可以共同擔負年邁的父母親；讓子女陪他們的父母親走最後一段路，這也是讓家庭機制能夠繼續維持下去的原因，也是東方國家社會的特色。

正因為文化背景不同，我們不

需要一味以北歐國家或其他國家當標竿，更何況每個國家本來都有其文化根基，應該按照各自的文化根基來發展社會福利或其他制度。薛承泰強調，要了解其道理，更要清楚明白自己的狀況和未來發展。

長照十年能解決問題？

長照制度的財源有兩種：稅收制和保險制。目前台灣推動的「長照十年計畫」，採稅收制，循序漸進，慢慢地讓大家了解這個制度，當需求慢慢升高，再找來經費墊高。此外，因為長照通常是年邁人士才用得著，很多年輕人會覺得自己不見得用得上，意願低，這就是保險制的缺點。保險跟人口息息相關，這也是推動保險制需要注意的地方。

由於生育率降低，少子化狀況非常嚴重。小學、國中一大堆空教室、空校舍，我們當時大量產生的大專院校，逐漸面臨裁撤、退場、

合併等種種問題。也因爲教育會影響到國家競爭力、國力，與國家未來發展息息相關。薛承泰以大學招生爲例子，二○一四年台灣有二十一萬名新生兒，預估二○三一年入學人口將有十六萬多。但從二○○六年起，大學便開始招生不足，過了十年，新生兒數量也沒有增加，大學便隨著學齡人口減少而崩盤。

除了高教擴張之外，近幾年擴張最多的是人文社會科學相關系所，當然人文社會科學對過去的台灣來說，確實要增加一些，但實際上卻增加了好幾倍，雖然達到人人都可以進大學的目的，卻也成爲除了大環境經濟條件之外，大學生平均薪資不能提升的另一個原因，薛承泰坦言這個問題在未來眞的不好處理。

面對這些因少子化、高齡社會造成未來無法迴避的危機，全民都要關注並共同解決，讓我們的子女，在我們老的時候才有安身立命的機會。

志揚真心話

“每個人都會老，長期照顧制度現在不做，以後一定一團亂，我們要有社會共識，正視這些危機。”

精采訪談連結

永遠都當媽媽的寶貝——顧偉揚

善用科技縮短距離，給予長輩愛與陪伴

自從擔任廣播節目主持人後，最希望的就是能透過節目促成家庭生活愉快。顧偉揚從疼愛自己的奶奶身上體悟到「長輩要的不多，其實就是陪伴和關心」，成為他創業的重要動機，從科技出發，把人與人的距離拉近，讓親人之間更親密。本篇照片提供／顧偉揚

瑪帛科技（MABOW）執行長顧偉揚和技術長黃治綱共同創業，背後有著令人感動的故事。約莫在二〇〇八年的母親節，那時顧偉揚的奶奶已近九十高齡，有輕微的失智，也沒辦法眞正吃東西，不論是給紅包或請吃大餐都不實際，所以他直接問奶奶想要什麼母親節禮物。出乎意料的是，奶奶的願望很簡單，就是能常常見到偉揚。

瑪帛技術長黃治綱也有相似經驗。八十歲的阿嬤住在屏東內埔，而他在台北念書，一年見一次。每次返鄉，阿嬤都會開玩笑說：「不知道下次是不是還活著？」因爲兩位老人家愛孫的樸素理由，顧偉揚和黃治綱後來攜手創業，研發老人家適用的科技產品。

按一下，最愛的兒孫就在眼前

聽了奶奶的心願便增加回家探視時間的顧偉揚，想起簡單又發達的科技，開始教奶奶使用Skype或Line。但奶奶拿到平板電腦就很緊張，一會兒把鏡頭擋

住；沒電，就以爲平板壞了，立刻向顧偉揚求救。但遺憾的是，奶奶還沒學會使用3C產品，就與世長辭了。

奶奶過世以後，顧偉揚趁空到離家不遠的長庚養生文化村當志工，教銀髮族使用3C產品。這裡有很多華僑，子女都在國外，也想用視訊聯繫居住在遠方海外的兒孫輩。在教學的過程中，他發現很多人跟他的奶奶一樣，他認爲在手機上輕滑一下的簡單動作，長輩們卻無法做到，很容易按錯、記錯；但在大廳裡，他卻發現長輩們都會靈活地使用電視遙控器。

因此他以電視作爲出發點，製作了機上盒——瑪帛任意門（MABOW

Profile

顧偉揚

七十五年次，畢業於台灣大學生物產業機電工程所。曾為SLP Taipei國際創業組織成員、輔英科大老人長照學程兼任講師、社企流 iLab Do it實踐家，現為瑪帛科技共同創辦人兼執行長。

gate），這也是顧偉揚的創業作。只要在電視上安裝「瑪帛任意門」，結合電視機上盒與網路，長輩端使用遙控器，按下綠色鍵，就可以輕鬆撥打視訊電話，或接聽兒孫的視訊來電，在電視螢幕上視訊對話。

科技就是這麼簡單。後來，顧偉揚發現很多人無法隨時陪伴長輩視訊，就增加上傳照片、影片的功能。兒孫從手機傳照片到設定電視的某一個頻道，長輩只要轉到那個頻道，全天候可以見到兒孫。

一萬元，成就一個創業的夢想

長期和長輩們相處，讓顧偉揚體會到長輩的最大心願就是看到自己的兒孫。也因爲自己的奶奶，顧偉揚開始擔任志工，漸漸地產生感情，長輩也會教給他一些想法，甚至於創業都和長輩有關。

當創業想法萌芽時，顧偉揚沒錢、沒人脈，被認爲是癡心妄想；

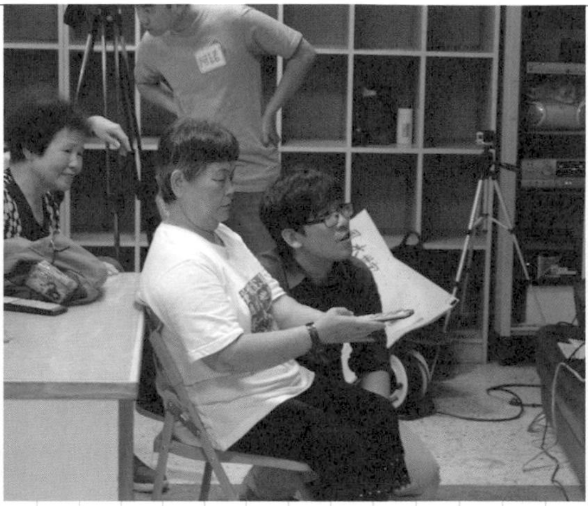

家裡爸媽也不支持，希望他好好念書、找個好工作。但有長輩告訴他：「人生只有一次，要聽自己心裡的聲音。」讓他下定決心創業。顧偉揚覺得擔任老人志工，施與受是雙向的，不只是志工，長輩也會給予很多想法跟幫助，這對他來說是很重要的。

服役時期，顧偉揚找上同校的黃治綱分享創業想法，立刻獲得對方支持，兩人就各拿五千元合力創業，瘋狂地研發產品，直到現在。

將公司取名爲「瑪帛」，英文名「MABOW」，同「媽寶」諧音。不管你長多大、或者成年了，大家都是媽媽的寶貝。

瑪帛科技的第一個產品就是「瑪帛任意門」，爲了便於常被使用，顧偉揚設計一款簡單的遙控器，按鍵是一般的八倍大，上面的國字標示清楚，也增加了綠色跟紅色兩個按鍵，代表著接電話跟掛電話。的確，簡單且符合人性的東西，才是銀髮族需要的。

找外包，瑪帛秘書幫你顧長輩

「瑪帛任意門」上市後，銷售成績不錯，但曾經接到客訴，爺爺、奶奶反應裝機不久就壞了，撥給兒孫都無人接聽。顧偉揚立刻檢查後台，發現硬體沒壞，應該是兒孫太忙無暇接聽；另一方面，也有子女反應長輩打電話頻率太高，上班時間無法正常接聽。

爲了改善這樣的狀況，顧偉揚和團隊又推出了「瑪帛秘書」（MABOW care），爲爺爺、奶奶請一位祕書，提供「陪伴」服務，定時打電話和長輩聊天，了解需求、關心長輩過得如何？每次聊天後，祕書還會把有趣的談話內容記錄在手機APP上讓子女可以下載，以便了解長輩的狀況。

顧偉揚特別提到，重要的是將服務連結到子女，如果沒有連結，就

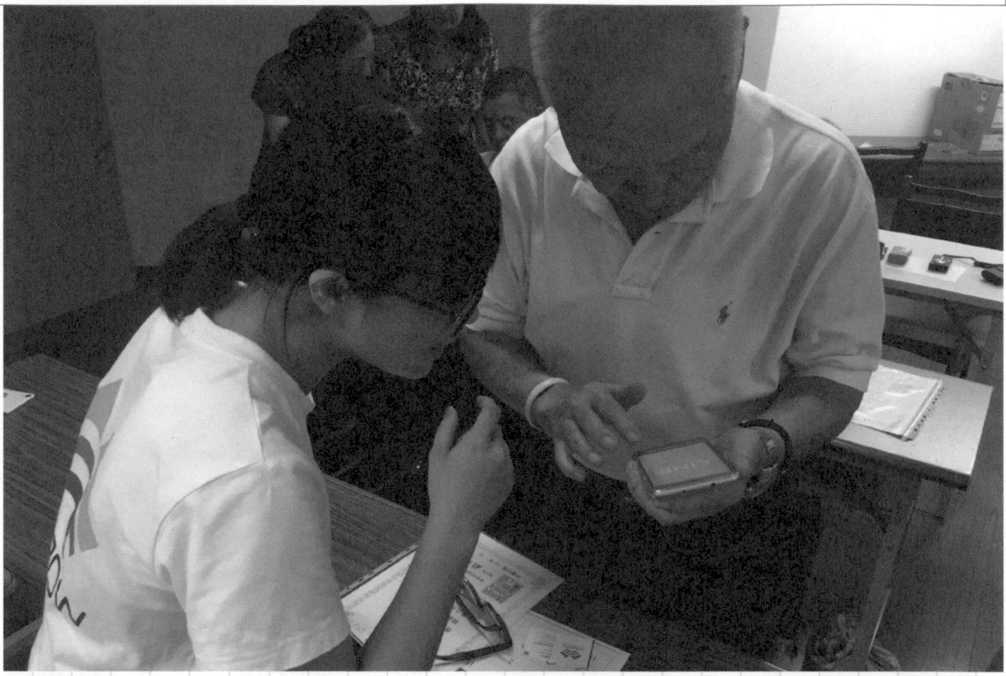

像「孝道外包」，只是找人陪伴、關心老人家。「瑪帛秘書」的主要功能如提醒用藥、量血壓、幫忙處理事情，代接、代聊，都屬輕量照護，但不是取代子女。

透過「瑪帛秘書」的服務，他發現長輩與祕書的對談內容經常講述當年勇，讓顧偉揚靈機一動，聘請設計師製作繪本，推出「瑪帛英雄計畫」（MABOW hero），將長輩的故事做成繪本，讓兒孫了解自己的爺爺、奶奶、爸爸、媽媽的生肖及長大過程，發生過什麼事情，有過一段什麼愛情，用繪本的方式，簡單記錄下每個人的故事。

除了不斷發想並推動陪伴計畫之外，長期關心老人照護議題的顧偉揚，也與其他基金會合作，解決因人手不足而無法協助長輩居家關懷的困擾。比如與「照顧者關懷協會」合作，瑪帛提供機上盒，幫助處理網路問題，就可以讓長輩直接視訊。有些長輩不喜歡陌生人走入家中，或者不知道如何敘述自己的狀況，透過視訊，就可以解決這些問題。

隨著台灣超高齡化社會即將來臨，老人照顧變得更加重要。照顧有各種方法，並不是大家想像的那麼嚴肅或非常辛苦，比如善用科技，多一點努力，就可以照顧長輩，將情感維繫，就是最動人的親情表現了。

志揚真心話

“顧偉揚創造了瑪帛，也代表著媽寶的含意，把媽媽跟寶貝連在一起，將人的感情聯繫，這真的很動人。”

精采訪談連結

走！一起去旅行——潘宗志

達人帶路，尋復興區之美

我知道一個地方，每當心情煩悶鬱卒時，方向盤一轉，離開都市叢林，順著坡度平緩的山間縣道緩緩爬升，四百多公尺的海拔高度，就可以欣賞層巒疊翠的山容、壯闊的雲瀑等各種美景，讓人煩悶盡去。這裡，就是桃園市的復興區。本篇照片提供／潘宗志

出門旅遊，每到一地，最聰明的玩法是去拜訪、結識當地朋友，這樣就能快速了解目的地及私房景點；桃園市救國團復興青年活動中心總幹事——潘宗志，對我來說就是這樣的一位好朋友。原本居住在台北的潘宗志，雖然是復興區新住民，但當地的花鳥樹木，一石一樹，在他的導覽下，變得更鮮活誘人。

從行政區域圖來看，復興區只是桃園市轄下十三區之一，但是土地面積卻占了市總面積的三分之一，潘宗志豪氣的說：「沒到過復興區，應該不能說到過桃園。」

感嘆於這一路景色太美，但旅行的時間有限，潘宗志由此發想，開始推動「環保旅行」概念，用「微觀」（用顯微鏡看這趟旅行）的角度，把美好的人文、景致拍攝收藏，改變自己的心情和想法，更體現了旅行的意義。

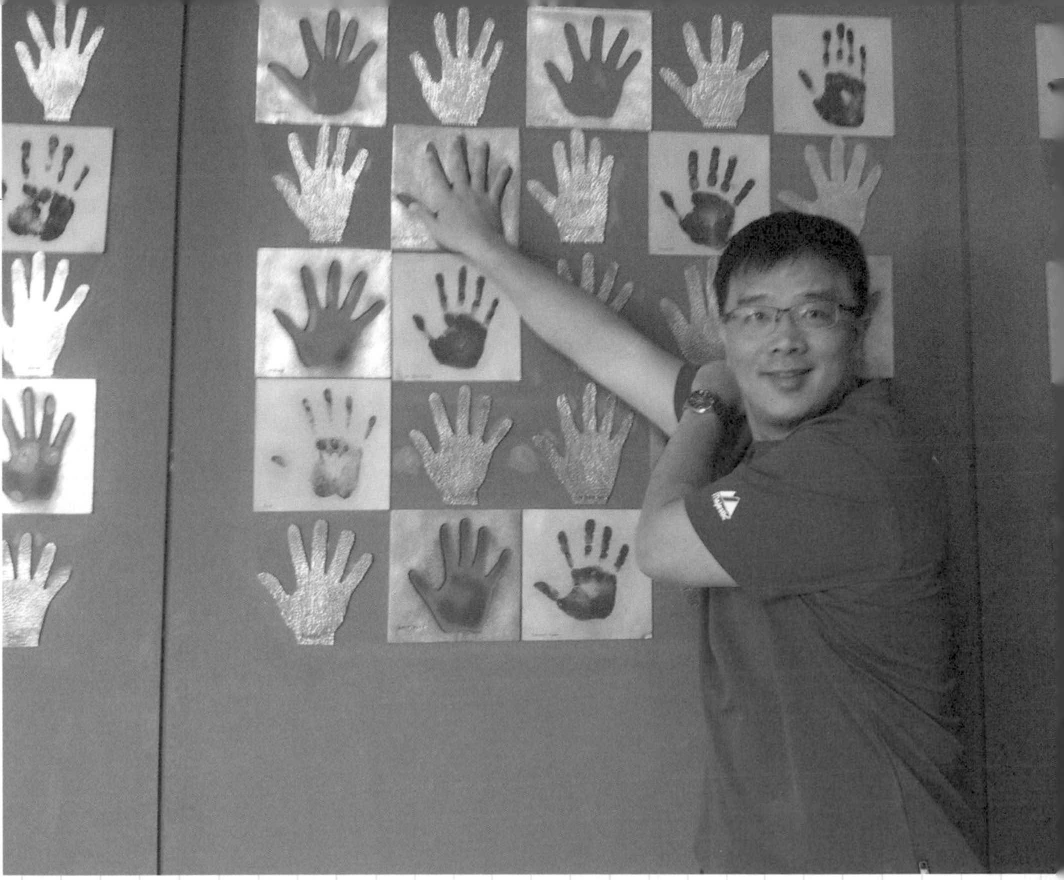

登高山，拈花惹草揮灑活力

潘宗志把復興區分爲前山、後山。前山地區開發較早，以一般人耳熟能詳的角板山公園、救國團復興青年活動中心等地爲範圍，角板山公園海拔約四百五十公尺，乍聽高度不高，卻擁有遼闊的視野與優美景觀；也因爲地處北橫公路十六公里處附近，無須耗費太長交通時間即可抵達，它和桃園的關係如同陽明山之於台北一般，容易親近。

承襲雪山山脈雄偉山容的角板山，位在集水區，周遭河川、水的紋理和容貌都相當漂亮。坐在救國團復興青年活

Profile

潘宗志

台北人，現任桃園市救國團復興青年活動中心總幹事。

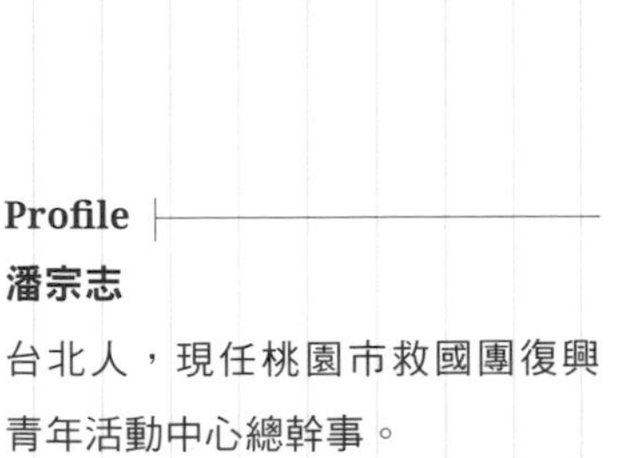

動中心前的比雅山景觀咖啡座，遙想當年先總統蔣中正在此賞景思親，現在遊客到這裡，則是尋幽散心。

除了咖啡座，活動中心住宿價格平實，也規畫有特殊活動讓民眾體驗。其中霞雲探索教育基地，融合天然和人工打造，提供攀岩、垂降及特別的山訓活動，不只活動刺激，最重要的是能透過人與人之間的互動，發展信任，讓參與的民眾得到啓發，激發新的創意和思考方式，希望能對未來工作或生活上有所幫助，極富教育意義。

山景水色之外，復興區花木扶疏，四季都是花期，最令人嚮往的是農曆新年前後，年前梅花盛開，年後櫻花登場，繽紛綻放，各勝擅場。或許是青山空氣的涵養讓山上的花朵，花型碩大，顏色鮮豔；在國畫上枝椏乾枯，花朵零落的梅花，在復興區看到，則是繁花盛開的幸福模樣。更讓人驚豔的是復興區的隱藏版花卉——

聖誕紅，每年十一、十二月應景開花，產量占全國百分之二十一，這也是多數旅人不知道的復興區之美。

品美食，四季都有新鮮美味

聽過潘宗志紙上導覽復興區蔬果景觀，會發現復興區好吃的蔬果不讓繁花專美於前，從春天就揭開序幕。四月開始是有著豐富纖維質，最適合老人家的桂竹筍；隔月有五月桃，口感硬脆又不失甜度；六、七月的拉拉山，正值水蜜桃盛產期；秋冬之後，紅柿登場。這段期間，還有段木香菇與高冷蔬菜，都值得特地前往品嘗。

拉拉山上有原住民泰雅族部落，到此可以品嘗原住民美食小吃，讓我印象特別深刻的是馬告咖啡。馬告是種香料，適合放在湯裡或用來蒸魚；當地人運用創意，把馬告放入咖啡裡，散發出淡淡檸檬果酸和香茅的氣味，勞累時，喝杯馬告咖啡，更增

提神功效。

此外，因爲地形之故，拉拉山經常可見山嵐雲霧穿梭山谷中。清晨，山頂與山谷對流旺盛，氣流越過山脊時，由於稜線兩方氣流、壓力不同造成「雲瀑」，如同瀑水流洩，雲瀑翻湧，美麗絕倫。因爲沒有光害，夜晚觀星，碩大閃亮的星星，一閃一閃彷若對人微笑，有些年輕人看到喜出望外，日本遊客更會大喊「しあわせ」，覺得幸福。

走吊橋，電影場景就在這裡

因著地形，這裡有山脈，和各種吊橋、拱橋、新橋及舊橋，顏色、樣式各不相同。其中橫跨大漢溪，位於義興和羅浮之間的義興吊橋，整修後壯觀又舒服。著名電影《賽德克・巴萊》劇中的彩虹橋，就是在此取景。北橫線上的彩虹雙橋——羅浮橋和復興橋，則是另一處旅人最愛的景點，從遠處看兩橋彷佛重疊，在

視線中形成完美的交叉。另外還有即將成爲全台最長的天空吊橋——新溪口吊橋，預計二〇一七年六月開放。

最爲知名的小烏來風景特定區，園區內的小烏來瀑布，垂直高度大約七十公尺，將近十四、十五層樓高；旅人的重點是一旁的天空步道，那是我當縣長時蓋的，底部由透明強化玻璃建造，彷彿從瀑布上懸空伸出，行走在上面可以充分感受視覺的刺激及感官上的震撼。瀑布周圍聚集了芬多精、活氧、陰離子，使人身心舒暢，常有終日深處都市大樓間的遊客到此，大呼過癮，覺得身心充分得到療癒。

古人說：仁者樂山，智者樂水。來到復興區，在大自然走走，身體的自然脈絡與大自然相契合，煩憂盡除，就是趟名符其實的心靈之旅。

志揚真心話

“角板山的咖啡座對我來說就是世界級景點，
天亮後待在角板山公園，眺望遠處，
層峰交疊，山水交融，涼風吹拂，
安慰了煩躁莫名的心情。”

精采訪談連結

■ 沒事多練功，跟文明病說掰掰——簡文仁

治標靠醫生，治本靠自己

■ 讓我陪著您，慢慢變老——詹鼎正

養成正確觀念，就是對年長者最好照護

■ 「捨得」才能「重生」——李伯璋

捨得終將腐朽的肉身，延續不朽的愛

■ 守護巴掌天使的陽光——陳怡靜

親親我的寶貝，感謝老天爺的禮物

■ 了解風險存在，才能自救救人——洪維忼

火裡來水裡去，無名英雄的辛苦誰人知

CHAPTER 2
杏林花開，愛不止息

在手術台上操刀搶命，

在日常生活中送上誠摯的關心，

一切只為了讓這份愛傳下去。

沒事多練功，跟文明病說掰掰——簡文仁

治標靠醫生，治本靠自己

曾在網路上看到一張照片，是清朝末年人們吸鴉片的模樣，但引起我注意的是，照片裡的菸斗都被換成了手機。電腦、手機等3C用品快速入侵生活，每樣高科技產品都如同精神鴉片，給人類帶來一種依賴性疾病。 本篇照片提供／簡文仁

擅長設計健康操的物理治療名師簡文仁，曾撰有《簡文仁出招．3C痠痛症候群投降》一書，針對肩頸、手肘、手腕、腰背等身體部位，設計出隨時隨地可做的運動。透過運動強壯身體，教大家一起遠離痠痛。

包括電腦、手機通訊產品、消費性電子等3C的普遍使用，使很多人沉迷其中，甚至上癮，尤其3C重度使用者，滑手機、玩平板時，像是練武功一樣，出現各種不可思議的姿勢，久而久之，脖子痛、頭痛、各種痠痛隨之而來。造成這樣痠痛的原因，簡文仁歸納出「五不」：姿勢不對、用力不當、肌力不足、久滯不動、勞勞不休，就是造成現代人身體痠痛的五大主因。

護肩膀秘訣，丟垃圾當作打高球

通常遇上痠痛患者，醫生施以吃藥、打針治療，都是治標而已，簡文仁主張「治本還是要靠自己」，所以得了解痠痛原因。其中像是姿勢不對，如一

直低頭的低頭族、圓肩駝背的圓圓族；或是運動不當，造成拉傷、扭傷這類運動傷害，都會造成痠痛。

此外，背肌、核心肌群等肌力不足，也容易腰痠背痛；或者肩膀、手臂力氣不夠，提重物時間稍長就會腰痠背痛。長時間不動也是3C重度使用者的通病，就算姿勢正確，久滯不動形成的緊繃與疲勞也是痠痛主因之一。至於勞勞不休，指的是很多勞動階級的職業傷害，工作特性就是反覆作業，典型的患者像是滷味店、泡沫紅茶店員工和廚房切菜助手等。

Profile

簡文仁

平時喜愛登山、著迷棒球，致力提倡「快樂運動」。專攻物理治療、健康養生、中風復健、老年體適能等領域，現為國泰綜合醫院物理治療師、亞洲物理治療聯盟理事長。

簡文仁曾到清潔隊演講，隊員反應因爲每天拋擲大包垃圾造成肩膀痠痛而就醫，醫生建議他暫停工作，否則無法痊癒。簡文仁當場傳授祕技：丟垃圾不要「只」用手丟，爲避免肩膀用力過度，應該用整個身體的力量，如同打高爾夫球般，手固定、身體甩過去，運用力學原理，就可以把垃圾順勢甩出去。

推動健康促進，預防比復健重要

隨著3C產品風行，身體痠痛的病例增多，物理治療變得極夯，但如今被譽爲「物理治療大師」的簡文仁卻笑稱是自己是被騙來的。當年他大學聯考的第一志願是台大醫學系，第二志願是台大復健醫學系，那時想復健醫學也不錯，就學後才知道，復健醫學系畢業後不是醫生，起初兩屆還能考醫師執照，但制度很快修正，只有醫學系畢業才可以考醫師執照。或許也因爲如此，當年復健醫學系的同學，目前留在復健醫學相關職場與臨床領域的，只剩下簡文仁一位。但人的一生都跟健康脫不了關係，而物理治療是健康好幫手，因此他畢業後，仍毅然投入物理治療的領域，轉眼就是三、四十個年頭。

現在常稱的「物理治療」，早期以復健爲主，主要針對中風、骨折、脊髓損傷等病症，要讓已經失去健康的身體機能恢復健康，後來也應用到職業傷害與身體老化等方面。這十幾年來，雖然因產業結構變化，需要勞力搬運重物的人口減少，但3C盛行造成低頭族增加，和常坐辦公桌的白領階級一樣，姿勢不對以及固定太久、久滯不動，血液循環不好，讓肩頸痠痛病症增加。這些狀況讓簡文仁更重視及推動健康促進，希望大眾能更健康，了解預防比復健更重要。

靠自己治療，養成好習慣迎健康

前陣子，因爲按按鍵手指受傷

的案例不少，另外簡訊指、滑鼠手、媽媽手、網球肘、扳機指，也使物理治療病患增多。其實物理治療是門大學問，從恢復健康、保持健康到促進健康都用得上。舉例來說，很多婦人在孕期容易腰痠背痛、水腫，可以做產前運動、產後運動緩解；也有很多胎兒的早期療育，也屬物理治療。

這些年來，簡文仁更鼓勵自療法，靠自己治療，例如發生「痠痛五不」的情形，可以先採取放鬆、按摩、伸展、強化等方式自行處理；若痛到無法忍受，再到醫院接受物理治療。不過他強調，避免痠痛的根本辦法，就是養成好習慣。練習抬頭、挺胸、縮小腹，隨時保持挺拔優雅的姿勢，習慣成自然，就不容易痠痛，也變得健康。

此外，因爲滑手機會不由自主低頭，所以時間不宜太長，一段時間得變換姿勢，避免3C痠痛最好的方式是讓手有支撐，坐下時拿抱枕或扶

手支撐著手臂，肩膀就可以放鬆；若沒有支撐，手肘懸空，撐在那裡就容易肩膀痠痛。

編運動口訣，動身體不忘動動腦

簡文仁也積極推動健康促進，藉由運動讓大家更健康，不受痠痛之苦。在醫院，常看到病人痛苦的做著復健運動，讓他反思：「一樣是運動，為什麼不能快樂的做？」所以他讓老人家以玩遊戲的方式做運動，快快樂樂的達成運動目的。

此外，他也認爲運動得兼顧心理健康層面，所以善用情境和場合構思出slogan，融入運動過程。比如談到戒菸與呼吸，就說「向香菸說不，深呼吸最酷」，重點一目了然；或者以「行」字出發，結合「行走」與「流行」的意涵，搭配生肖，在猴年推出「孫行者健康操」，用孫行者代表走路、運動、健康，構思出運動口訣：「西天王母摘仙桃，雙手合抱左

右搖，東海龍王也求饒，飛天遁地無處逃，火眼金睛四處望，望見台灣好寶島，每日萬步樂逍遙，筋斗雲遊你尚敖（台語：你最棒）。」邊做運動腦中就有無限想像，透過運動，讓關節伸展，讓肌肉有力，就是自然健康的不二法門。

志揚真心話

“不要等到出事了再復健，平常就應該維持健康，把身體照顧好。”

精采訪談連結

讓我陪著您，慢慢變老——詹鼎正

養成正確觀念，就是對年長者最好照護

小時候，爸爸在我們眼中是那麼高大，無所不能。但曾幾何時，我從小孩變成中年人，父母也從中壯年變成老年人；他們的背駝了、髮白了，身體大不如前。換成我牽著他們的手，陪他們上醫院。本篇照片提供／詹鼎正

現任台大醫院竹東分院院長，也是台大內科暨老年醫學部主治醫師的詹鼎正醫師，是少數在國外一流機構受過完整老年醫學正規訓練的醫師，他提供現代人照顧長輩需具備的正確觀念；以及老年人如何對自己做最好的照顧。

什麼年齡適合看老年醫學門診，詹醫師妙答：「夠老了就可以來看。」但何謂「夠老」呢？目前台灣法定六十五歲屆齡退休，退休就算老了。根據統計，目前台灣六十五歲以上人口，約占整體人口數的百分之十二至十三，也就是全台大約有三百萬個老人。

「老年醫學」針對老人，特別是疾病醫治、照顧與保養的專門學問，如同老年人的家醫科或一般內科。台灣醫療體系分科診治，舉例年長患者若同時患有心臟病、高血壓、糖尿病，甚或精神、心理的疾病，必須分科掛號、就醫，十分辛苦。台大醫院率先創立老年醫學部，爲老人病患作整合性醫療，做到「全人照護」。

以人為出發點，正確照護觀念

詹鼎正醫師自台大醫學系畢業後，考取公費留學，在美國約翰霍普金斯大學衛生政策與管理學系取得老人學與長期照護博士學位，並完成內科及老人科的住院醫師訓練，又自費在美國接受臨床訓練後才回國，被認爲是台灣老年醫學專家翹楚。

每個國家對於老年醫學的概念不太一樣，詹醫師舉例，在歐美國家，人們有基層醫師或家庭醫師的觀念，對一個人的照顧是以「人」爲出發點，因此到了老年時期也會有不同的照護方式；此外，台灣雖然有健保體制，急性醫療的水準不遜於歐美，但出院後的急病後期

Profile

詹鼎正

美國約翰霍普金斯大學老人學與長期照護博士學位，現任台大醫院竹東分院院長、台大內科暨老年醫學部主治醫師。曾著有《好好照顧您》一書。

或長期照護等概念，就沒辦法如國外具備完整的系統。

二〇一四年以前，若老年人罹患肺炎，使得走路不方便，當時的醫療系統只能治好肺炎，患者須自行回家復健；若在病房復健，住院天數就需要延長。但在國外，大部分是急病處理三至五天，加上急性後期照護資源，可以在某個地方調養兩週，病患利用這段期間復健，加強心肺功能，痊癒後便可返家，這就是急性後期照護概念。

慶幸的是，台灣從二〇一四年起，也開始建立急性後期照護模式，由腦中風患者做起，雖然不適用於每一種病，但未來會慢慢擴大。此外，目前台灣不論是居家或機構照護，多數都由病患自行負擔費用；針對這樣的狀況，台灣借鏡日本或德國等各國優良長照保險制度，這幾年才陸續通過《長照服務法》等草案；但老年人的照護責任還是在家人身上，認識老年人身心疾病，正確照護觀念還是最重要的。

打破治癒觀念，控制就是進步

詹醫師建議，家人照顧老年人的第一步：要有敏銳的觀察力。有些老人家身體有恙，寧願撐著也不願就醫。如果發現老人家常皺眉頭，有疼痛現象，或是出現很喘或發高燒等跡象時，就需要半強迫就醫。特別的是，有不願意就醫的老人家，也有愛看病的老人家。原因可能是老人家身體不適，但看了多位醫生仍無法解決，就繼續找其他醫生診治；但詹醫師指出，很多老人家的病是慢性病，可以控制，只是隨著年紀增長，無法百分百痊癒。

他舉例在門診碰到一位老人家，已經看過多位醫生，卻疑惑看了那麼久怎麼不會好？但對醫生來說，只要病患病情有改善，以前痛十分鐘，現在痛五分鐘，就是非常好的成

就。明明控制得很好，但老人家還是會說「我的高血壓怎麼都不會好」，這之中就有落差，老年醫學並不單只是診斷或醫治病症，更重要是進行衛教，傳達正確概念。

老年人的疾病至今還是慢性病居多，如三高、癌症，從中年之後就有可能發生。但儘管如此，身體不適的老人家之間，很難有通則。因此面對不同的老人家，會有不同的做法。老人科的醫生有個特色，不僅長相和善，也樂於和老人家溝通。詹醫師認爲很多觀念已經根深柢固，不須急在一時，其實可以在之後每一次的回診中，逐漸灌輸重要觀念。治療老人病痛時，通常不會很急，因爲有時急於做很多，反而會產生副作用和併發症。醫生們都希望在老人家可承受的範圍內，做應有的評估，連帶時間也會拉長，老人醫學也因此常被形容爲「慢速醫學」。

小撇步學起來，輕鬆跟長輩相處

在老人科看診多年，更親自照顧超過百歲外婆的詹醫師，曾在出版著作中分享一般照顧老人家的迷思以及常見的錯誤觀念，比如說人們普遍認爲和聽力不好的老人家說話要大聲，但詹醫師提醒大家，老人家的聽力是從高頻開始退化，當一個人大聲說話時反而會提高頻率，所以正確的說話方式是聲音像廣播名人李季準那樣低沉，而且要慢，慢得讓老人家看得懂嘴型。

常有人說太極拳或相關的運動有助平衡，也有研究顯示，老人家多做此類運動，訓練下盤、下肢部位，會減少跌倒情形發生。除了運動之外，老人家會跌倒與藥物亦有相關。有些老人家因睡不著而吃安眠藥，長期服用後習慣藥力，不會頭昏；但在服藥期間測量平衡，結果卻不佳。在這樣狀況下，詹醫師會建議有夜間上廁所需求的老人家，在床邊放夜壺、走廊留小夜燈，或是設置扶手，地板選用不滑的材質等，以避免跌倒。詹醫師也提醒，盡量不要吃安眠藥，睡到不想睡就可以了，多運動、曬太陽，調整睡眠時間，晚點睡就晚點起，別再依賴藥物睡覺。

運動兩人一起，養成固定習慣

詹醫師認爲長者首重保健，而且要養成良好的生活習慣，最好從中年開始。除了規律的作息，大部分老人家都有遵守。接下來就是不抽菸、不喝酒，或是適量飲酒。最後是運動，中年就有固定的運動習慣，如跑步、打高爾夫，建議繼續保持，不要因爲年紀大了就不敢做。

鮮少運動的，可以先嘗試從慢走到微喘的快走運動。最好是兩人一起，可以對話、會流汗、心跳加快，運動量夠了。慢慢地訓練後，還可以做柔軟運動或是肌肉訓練，柔軟是爲了減少傷害。至於老人家肌力如何加

強？健身房有很多輔助儀器，用寶特瓶裝水自製啞鈴，或用彈力帶，綁在椅子上拉、腳勾等自我訓練都可以。

在飲食方面，除非必要，否則詹醫師不贊成老人家減肥。很多研究顯示老人家死亡率最低的身體質量指數（BMI），已超標達三十左右。通常很胖的人活不到這麼老，能活到這麼老，重點就不在體重。反而是體重急速下降，就得小心觀察何處出現問題。大部分老人家飲食求三少三多，少糖、少鹽、少反式脂肪酸；多吃青菜、多吃五穀雜糧、多吃魚，掌握這個大原則，讓飲食均衡就好。

父母就在你不注意的瞬間老去

爲人子女，都想盡孝道，但要採取適當的氛圍和互動模式才可以讓長輩得到好的照顧。老人家嘴巴不說，但都希望人陪，詹醫師建議大家固定抽空回家陪爸媽，常回家也可觀察爸媽的健康狀況。他以自家親戚爲例，小孩因工作離家，忙碌時也不常回家，難得回去才驚覺母親的記憶力有異狀，急忙帶來台北就醫。父母上了年紀，在你不注意的瞬間，各方面都慢慢在變化了。當初他們照顧你，現在該是你多花點心思照顧父母了。

有時父母認爲沒有大礙，以過得快樂爲原則就好。兒女回家幫父母量血壓、了解吃藥狀況和藥品內容，也是種關心；甚至陪同年紀較大的父母就診，聽聽醫師的說法。現在的醫師，尤其老人科就很希望有人可以溝通。甚至於情況有異時，醫生也會請老人家撥手機給兒子直接說明就診情況。兒女經常探望父母，關係愈來愈好，家庭會很和樂。

志揚真心話

“多注意小細節，讓老人家活得更健康、快樂，就是為人子女最大的成就感了。”

精采訪談連結

「捨得」才能「重生」——李伯璋

捨得終將腐朽的肉身，延續不朽的愛

二〇一四年十月一日，衛福部以「捨得」為概念推動器官捐贈。萬一有一天， 不得不面對生命的結束時，可以勇敢做出器官捐贈的決定。「捨得」把自己捐贈出來，不代表失去，反而是更豐富的回饋，這也正是器官捐贈精神的最大體現。本篇照片提供／李伯璋

現在的社會處處需要等待。在街頭，看到餐廳前排滿等待用餐的人潮、想看場職棒比賽也得排隊買票進場。但「等待」對有些人來說，難免心煩意亂，像是等待器官捐贈的人，要和時間賽跑，希望輪到他時，還來得及擁有重生的機會。

在台灣，需要器官而排隊等待的人數與捐贈之器官量相比，據統計差距四十至一百七十五倍之多。因爲多數人不願意談器官捐贈跟移植，總覺得有禁忌。華人的傳統觀念裡總是希望盡量保留遺體的完整，但若能成功器官移植，其實也等於換個型式延續了逝者的生命，不是嗎？

換跑道，與無常搶命

作家蔣勳在其著作《捨得・捨不得》中說：「我們如此眷戀，放不了手，青春歲月，歡愛溫暖，許許多多『捨不得』，原來，都必須『捨得』。」讀來讓人心有戚戚，我們都

得學會捨得，尤其當不得不面臨生命結束的時候。如今，新任健保署署長，也是財團法人器官捐贈移植登錄中心董事長的李伯璋，正用心、積極地推廣「捨得」的器官捐贈概念，希望讓更多人的大愛，得以無私留在世界上。

李署長原是一般外科出身，長年的開刀經驗，讓他成爲該領域的知名權威，但一直到任教於成大醫學院時，才確立了自己的志業與未來學術方向——器官移植，尤其是最困擾台灣人的腎臟移植。然而器官移植不僅是一門手術，器官從何而來更是大學問，李伯璋於是將推動國內器官捐贈，視爲畢生職志。

從事器官移植後李伯璋感觸甚多，

Profile

李伯璋

國內知名外科權威，曾任衛生福利部臺南醫院院長、成大醫院外科主任、國立成功大學醫學院教授。現任衛生福利部中央健康保險署署長、財團法人器官捐贈移植登錄中心董事長。

發現華人社會對於器官捐贈常感不捨，很少會回頭想到「人有旦夕禍福」，萬一突然發生意外或肝腎衰竭等重症，很可能發生生命從此改變的狀況。他也跟我分享了一個故事：在成大醫院服務期間，有次路過急診室，看到一位躺著的傷患，於是問了下狀況。原來患者被牛撞傷，傷勢嚴重，但急診室醫師認爲血壓不穩定，不適合開刀，僅持續輸血以穩定血壓。時任外科主任的李伯璋則判斷傷患流血不止，若不止血，情況就無法改善，當下安排開刀，手術台上才發現傷者的肝臟與傷處血管都嚴重碎裂，幸而成大醫院設備跟捐血中心全力幫忙，才把病人救回。回想起此事，李伯璋不免感嘆生死有命，什麼時候碰到什麼人、發生什麼事情，常常不是自己能掌握的。

留財產，不如留器官

器官移植技術的出現，是近一

個世紀的事情，但有了移植技術後，「器官從何而來」就成了很大的學問。早年台灣，需要器官移植時，要靠患者與家屬自己找門路、找關係。但器官捐贈移植登錄中心成立後，成了捐贈者與接受移植者的平台，在台灣任何人需要器官移植延續生命時，醫院的醫療人員會註記到登錄中心的電腦裡；任何有大愛，捐出器官救人者，資料會輸入到登錄中心的電腦裡，按照設定的疾病嚴重度、基因吻合度等各種條件，找出分配的次序。醫院會按照這分配次序去做移植手術。

目前台灣推動器官捐贈的困難點，就是民眾普遍還無法接受器官捐贈的想法。目前在國內，器官捐贈來源有二，一是來自病患親屬的活體捐贈。醫生會確認捐贈親屬，捐贈後不會有任何傷害，才會允許進行器官移植手術。但也有一部分的人，無法適用或獲得親屬捐贈，就要靠重病或腦死患者的器官捐贈，這些器官捐贈人的家屬自有其不捨與苦痛，

但逝者已矣，來者可追，爲了讓生者有延續生命的機會，政府也開始大力推動「捨得」的概念，鼓勵捐贈者及其家人發揮大愛，給予他人重生的機會，把愛傳下去。二〇一四年，器官捐贈移植登錄中心以「捨得」爲概念，推出器官捐贈移植新制，凡是過去曾捐贈器官者，正在等候器官移植的配偶或三親等血親，得優先排序。透過「三等親排序往前」，捐出來的器官不僅幫助有需要的人重現生機，更重要的是能照顧到自己的血親與配偶。

如今，已經有當初弟弟捐贈而讓哥哥受惠，也有多年前外甥捐贈，如今舅舅受惠，將來也必定會出現因爲曾祖父母捐贈而讓曾孫子女受惠的情況。過去都是留財產給子孫，現在卻能透過器捐留下無價的健康保障。而且一般捐贈者的動機都是行善，而非講求利益，這樣的善心，比任何遺產都要珍貴。

在天堂，不需要肉身

雖然台灣器官捐贈的觀念與歐美國家還有一大段距離，但政府、縣市首長，像是台北和台南市長都在地方推動器官捐贈。國立編譯館及翰林版小學課本中，更編入獲贈者黃招榮老師的親身經歷〈大愛精神不死〉，述說美籍志工來台服務，不幸遭遇車禍，家屬遠道來台，了解女兒無望生還後，決定捐贈器官的故事，每年有十萬個小朋友閱讀到這篇課文。

在多方推動下，「器官捐贈」的風潮慢慢在台灣發酵，有時因爲特殊事件，更能讓大家了解器官捐贈的意義，像是八仙塵爆後，同意器官捐贈的人數也顯著增加。因塵爆罹難的台北醫學大學蘇同學，雙親在明白孩子生還機會渺茫後，決定秉承孩子學醫救人的心願，簽下器官捐贈同意

書，引起社會大衆關注。當月同意器官捐贈的人數，比平時足足增加了兩倍半。

戮力推動器捐多年，李伯璋也親眼見證許多感人故事。他曾在高雄榮總主持參加感恩追思活動，發現許多捐贈者原也是獲贈者，甚至是未及受贈就已離世的病患。當他們面對生命終點時，願意付出自身僅有的能力救助他人，將這份希望與關懷傳下去，令人讚嘆。從醫三十多年來，每次完成器官捐贈手術後，李伯璋一定陪同大體到太平間，請師傅多加照顧，畢竟這些人眞的很偉大。

李伯璋也說明了簽署器官捐贈的管道，像是透過各醫院的社工部、登錄中心網頁等，塡寫好器官捐贈同意書後，就會轉到健保卡上註記。不過對於有意加入捐贈行列的朋友，他也建議將意願與家人溝通，建立共識，屆時才不至於讓家人悲痛不捨。當然，爲了顧及民衆的權益，塡寫器

官捐贈同意卡後，如果後悔也可以隨時撤銷。

未來，器捐中心也將持續舉辦推廣活動，透過報章雜誌宣傳、或前往各個地方宣導。希望能讓器官捐贈概念在台灣普及，讓更多還在爲健康奮鬥的人得以重生，讓生命的愛得以延續。

志揚真心話

「捨得」把自己捐贈出來，並不代表失去，反而是更豐富的回饋，這也正是器官捐贈精神的最大體現。

精采訪談連結

守護巴掌天使的陽光——陳怡靜

親親我的寶貝，感謝老天爺的禮物

周華健〈親親我的寶貝〉有這麼一段：「我要飛到無盡的夜空，摘顆星星作你的玩具；還要親手觸摸那月亮，還在上面寫你的名字……」細膩道出父母疼惜孩子、想給予他們世界上各種美好事物的心情，這也是我在陳怡靜身上所看到的。本篇照片提供／陳怡靜

初次和陳怡靜的女兒勻柔見面，是在錄音室，她和媽媽一起參加我的電台節目，分享彼此共同成長的過程。現在就讀國小三年級的她，可愛又天真，有禮而不膽怯，從這些特質不難感受到家人對她的用心。

陳怡靜是我在台大求學時期小我一屆的學妹，我念機械，她念土木，但因爲同樣喜好管樂，在加入台大管樂社後成爲好友。十年前，她的女兒提前來世上報到，更被診斷出罹患腦性麻痺，對她與先生邱三而言，不啻於晴天霹靂。一方面感謝老天爺給予的珍貴禮物，一方面也爲孩子的病痛而徬徨不安。

憶當初，淚如六月雨滂沱

回憶起當時情景，十年前的她正參與環保署的計畫，需要到水庫現場勘查，於是她就挺著肚子四處實地走訪。由於過度勞累，加上第一胎剖腹生產後傷口未及百分之百痊癒，醫生建議安胎，她也從善如流到醫院調養，只是

後來事情的演變，並不如預期的順利。安胎剛開始的兩天，陳怡靜仍滿腦子工作的事，想著計畫該如何進行、如何落實；直到第三天，醫生評估因爲傷口未癒的關係，建議提前進行剖腹產，才讓她開始仔細思考孩子的事。

寶寶最終仍提前誕生，在早產兒病房看到女兒的第一眼，讓陳怡靜嚇一大跳，「囝仔眞的不能偷生」，小寶寶和她從五官到神情都十分相似，但身形嬌小極了，才一千三百克，是名副其實的巴掌仙子。最令她心疼的是，孩子全身滿是插管，躺在保溫箱裡。剛出生就要接受這麼多考驗，眞的非常辛苦。看到孩子的狀況後，陳怡靜努力平復心情，

Profile

陳怡靜

台大環境工程學博士，現於科技大學教授環境永續發展課程。

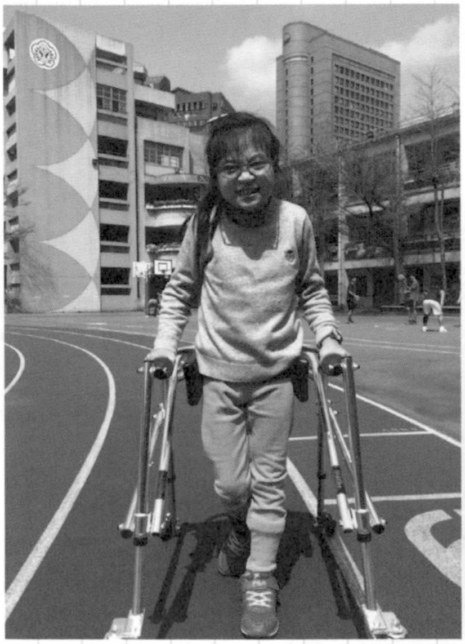

與醫生討論未來照護方法，在得知孩子因早產缺氧，而患有下肢行走不易的腦性痲痺後遺症時，無助與徬徨如潮水般從心底湧上，她仍記得那年六月醫院窗外的雨勢，與她的淚水一樣，滂沱地落在醫院的地板上，落在她的心底。

雖然面對這樣艱難的人生課題，碰上如此令人心碎的情況，她的先生仍在一旁，握著她的手說：「沒有關係，我們是夫妻，一起面對，一起克服，接受她，因為她是我們的寶貝。」平靜溫暖的態度，安撫了她的心情，兩人十年來，夫妻同心協力照顧孩子，直到現在，她仍然感謝先生對她說的這番話。

惜緣分，她是我們的明鏡

訪談過程中，陳怡靜也提到有特殊孩子的家庭，難免受到的考驗會多一點，但是最重要的是父母的心態，父母能夠用健康的心態對待孩子，孩子就會順利成長。她認為，沒有不想好好照顧孩子的父母，但照顧特殊孩子有著常人難以理解的體力負荷。孩子小的時候，夜裡常需反覆起床看顧；稍長之後，更需進行早期療育，參加健保提供的復健課程，這對孩子的幫助很大。念環境工程的陳怡靜夫婦，也相信大自然的良好環境，能促進人們的健康療癒能力，所以除了到醫院運動之外，也經常帶孩子到戶外曬曬太陽，順便加強運動。

如今勻柔已經是小學三年級生，個性開朗也喜愛學習，讓許多人都很好奇，陳怡靜如何教養出這樣樂觀進取的孩子？她告訴我，孩子就像是父母的鏡子，父母給孩子的愛都會留下影響。當她帶著孩子出門，聽見過往路人或認識的人都說母女很像時，陳怡靜想到的是，孩子其實也一直影響著她，所以她跟孩子平常的觀念養成都盡量用平和的語言溝通，讓母女之間更像朋友。陳怡靜也舉例：

孩子三歲時由於肌肉功能不佳，還無法自己吃飯，在餵她之前，身爲媽媽的自己總得趕快吃。孩子看到就跟她說：「媽媽吃太快不好哦！會消化不良。」這句話不只讓她嚇一跳，也從孩子的話語，體會到孩子其實很用心地觀察著媽媽的一舉一動，讓她莫名感動。

練體能，先學騎馬再學走

由於勻柔肌肉張力偏高，無法做出協調的彎曲動作，在走路的方面一直沒有顯著進展，後來才在一位愛心爸爸的介紹下，到中壢馬場進行馬術治療，希望透過學習騎馬模仿行走的方式，並訓練平衡感與軀幹的穩定度，透過刺激前庭來鍛鍊孩子。

讓孩子站起來走路很困難，家長要有很大的耐心。陳怡靜也分享，她和先生不斷培養自己和孩子的信心、耐心與恆心，因爲孩子沒有走路的經驗，需要父母大量協助。她坦言

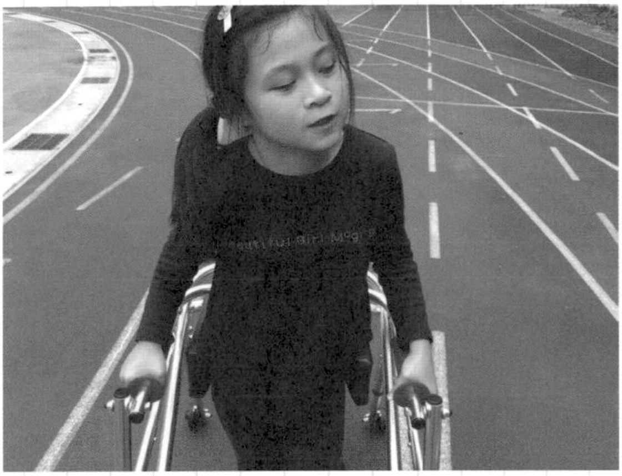

現在國內社福環境進步很多，從很多物理治療師和早療老師分享中，就可以了解十年前跟現在孩子的早療環境，有著很大的改變，社會大眾對這樣特殊的孩子，都極富正面觀感與愛心。這種高度的同理心與關懷，正是人性光明特質的展現，對特殊孩童的家長，提供了非常大的支持力量，也讓父母們能夠在陪著孩子成長的過程中，更有元氣。

志揚真心話

“孩子對我們來說是寶貝，是老天爺給的禮物，能成為一家人真的都是緣分。”

精采訪談連結

了解風險存在，才能自救救人——洪維忼

火裡來水裡去，無名英雄的辛苦誰人知

最近幾年，一翻開報紙，地震、風災等自然災害，或是如車禍等人為傷害或意外事件發生頻率增高。在這樣的情況下，我發現有一群人特別忙碌又辛苦，就是聞聲救苦的消防人員。 本篇照片提供／洪維忼

不論火災、風災、山難、車輛翻覆等各種艱難意外，消防人員都在第一線擔任搶救工作。人命關天，當他們完成任務時，旁人甚或自己都覺得搶救成功是應該的；反之，失敗了，有可能得承擔家屬、社會輿論以及內心的自我責難與壓力。

消防人員火裡來、水裡去，背負別人的性命，也冒著自身安危去搶救。在台北市擔任義消人員的洪維忼，擁有專業緊急救難指導員與義消雙重角色，和所有消防人員一樣，是努力維護人民安全的無名英雄。

從小學三年級加入幼童軍開始，至今洪維忼仍一直活躍在童軍活動領域。童軍活動引領他走向戶外、認識大自然，教會他露營、野外求生；但在享受這些美好的同時，他也感受到大自然存在的風險。大學時期，他因爲童軍團接觸到高山活動，深刻發現除了繩結、攀爬等登山專業技能及知識之外，「急救」更是相當重要的環節，卻經常

被人們忽略。因此洪維忼參加了童軍總會主辦的EMT（Emergency Medical Technician）緊急醫療技術員訓練，之後為了實際應用這些技能，選擇加入台北市鳳凰志工，也就是台北市義消總隊的救護大隊，服務至今。

完登百岳，尋找原始的感動

以前有句話：「讀萬卷書不如行萬里路，行萬里路前要先讀萬卷書。」洪維忼對此深信不疑。像是課本上看到玉山的氣象觀測站，他就會想著一定要親眼見到觀測站的模樣，體驗站在玉山山頂的感覺；聽說高山湖泊嘉明湖，有「天使的眼淚」這樣浪漫的別稱，也讓

Profile

洪維忼

擔任台北市義消，同時為國防醫學院戰傷暨災難醫療中心及台北醫學大學傷害防治研究所的救護技術員課程指導員，到院前創傷救命術（PHTLS）指導員，台北市91團童軍緊急救護團服務員等。

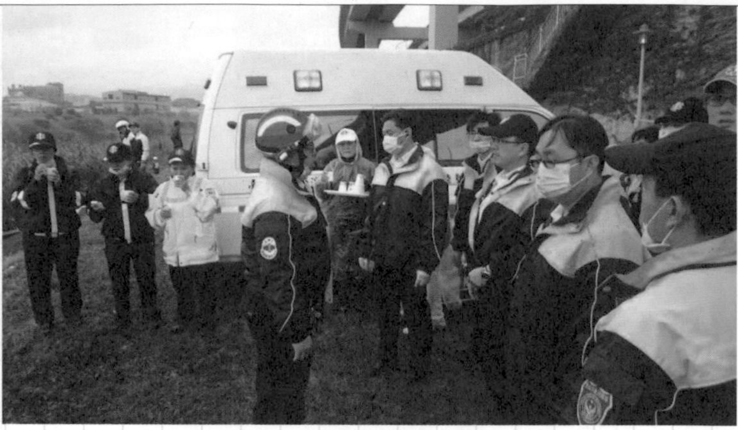

他盤算此生一定要走一趟；雪山每年積雪一公尺深，他更好奇行走其間會是什麼樣的感覺？

深信書上的美景得親身體驗，喜歡戶外活動和動物的他，大學畢業之後，毅然決然地跳開原本的生物機電領域，報考國立台灣師範大學公民教育活動領導學系研究所，投入戶外安全教育領域，延續自己對戶外的熱愛，並積極鑽研相關領域。

台灣得天獨厚的地理環境，地屬亞熱帶卻能有兩百座三千公尺以上的高山，若能完成攀登其中較具知名度的一百座，就不枉此生了。尤其台灣面積雖不大，但地質年代很新，島上群山特性是山高坡陡，從海平面到海拔三千公尺，可以觀察熱帶至溫帶的變化，以地形、植披、動物的多樣分布來看，全世界難找第二處如台灣的環境了。

或許正因爲如此，最近愈來愈多民眾願意接觸山林，尋找原始的

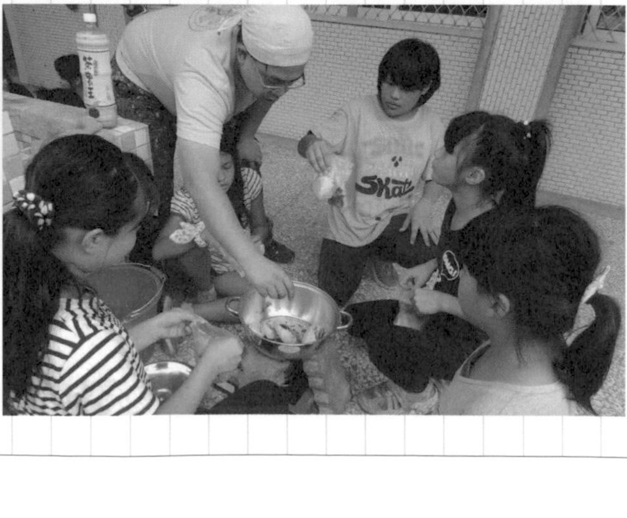

感動，回歸簡單生活。洪維忼也是這樣，他每年都會撥空上山，待個三、四天，整個人放空，忘掉喜怒哀樂等雜念，洗滌心靈後，讓他有重新活過來的感覺。

先學求救，增加獲救的機率

洪維忼因爲接觸童軍活動，愛上了台灣高山，就連碩士研究題目「台灣地區登山活動指導員專業能力」，也脫離不了登山的範疇。論文研究期間，他發現急救能力是最重要的登山專業指標，也感受到這樣的需求，所以他特別去學習救護，也因此正式踏入救難和救護的領域。

學生時代也是童子軍的我，深知好的登山嚮導不只是會指路，還得有領導與緊急處理和救難的能力。洪維忼也是我在建中童軍團的後輩，他認爲好的指導員、嚮導或登山幹部，除了照顧好自己，還要照顧好隊員，遇上難以應付的狀況，最起碼也要知道如何求救。

成爲一名義消人員之後，洪維忼參與很多救災活動和訓練，他提醒大家最值得關心的正確救災觀念，以角色區分有：政府的救災人員、正職的救災人員，當然聽從上級的指令，包括義消在內的民間救難團體，應該先遵從政府救難人員、正職救難人員的指令，而非擅自行動。一般的民眾則是該聽從所有救難人員的指令，比如避難處所的引導。救災過程中千萬不要貿然行動，避免讓將自己陷入危險造成二次災難。

具使命感，不放棄任何生命

消防人員的辛苦真的不是一般人可以想像的，洪維忼以自己爲例，在新北市消防局海山分隊擔任替代役時，跟著正職消防人員執行勤務，那時候是上兩天班、休一天，兩天班是

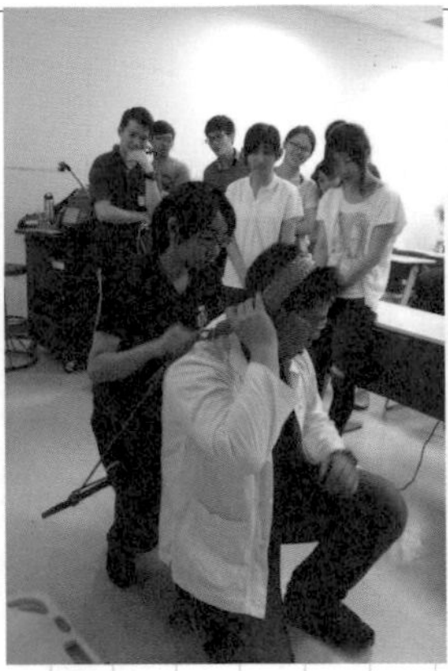

四十八小時，但因爲擔心隨時可能發生如火警或需要救護，而無法熟睡。台北市的消防人員，雖然勤務是上一天班、休一天，但時間卻也是被零碎瓜分。對消防人員來講，睡不好是個非常大的問題，在無法熟睡的情況下，身體和心理無法正常休息，壓力眞的非常大；若在待命期間，遇上意外發生，趕赴火場或救災現場，壓力又是更大。

回想過去參與「八仙塵爆事件」的救災經驗，當天到場支援時，看到、聽到的，若是以剛接觸災難救助的人來講，只怕很難承受，龐大的心理壓力形成無形的重擔，現場車輛、人員、受災的人員也亂成一團，很難掌控，但這個亂是必然的結果，大家仍然努力在紛亂中找到秩序，以利搶救。

所有的消防人員的心中都充滿使命感，要把受災的人民救出來，他們不願意放棄任何一條生命。在束手無策、無法救援的時候，他們所承受的心理負面情緒會比家屬來得大，是因爲扼腕，想著爲什麼沒辦法救到這個人，會責怪自己。然而更令洪維忱惋惜的是，許多經過很大的努力才救回性命的受災者，卻遇到搞不清楚狀況的家屬，竟然對患者說：「你後事交代完了，可以安心走了。」當下聽了不免有些動氣，心想：「我人都救起來了，爲什麼要他安心走呢？」體驗人情冷暖之後，也更讓他確定自己的使命。

尊重專業，擁有安全的環境

當然，也有人認爲消防人員無所不能，舉凡捉貓、捉狗、捉蛇，尤其是民衆發現虎頭蜂窩，甚至手機掉到下水道都找消防隊。其實在消防法中有規範消防人員的三大任務，預防火災、搶救災害與緊急救護三類。搶救災害會比較清楚界定只和搶救人命有關，或是像風災、水災、車禍等人

命關天的事件，才屬於消防隊的工作範疇。然而民眾太習慣尋求消防隊協助，洪維忼就曾遇過民眾報案，說鵝在大圳溝裡快溺死了；姑且不論通水性的鵝為什麼會溺死於溝渠，單以事件屬性來看，與動物相關就應該找農業局；如果家中發現死老鼠，則是請環保局、清潔隊協助處理。

此外，也經常發生有人假裝肚子痛，請求緊急救護，但其實他要去的地方在醫院附近，把救護車當計程車使用，這類事件層出不窮，我在桃園縣長任內曾制定條例，遏止類似事件再發生。民眾必須自知，消防隊有救災的正事，不應該將精神和體力浪費在這種瑣事或本來就不屬於份內工作的事上頭；反倒是大眾應尊重消防人員，抱持敬意，才能有更幸福、安全的生活。

志揚真心話

“參與義消活動，
去實際體驗消防救災人員們的努力吧！
他們值得我們信任，更值得我們尊敬。”

精采訪談連結

CHAPTER 3
音樂、電影，說故事

在別人視為娛樂的小事上，他們找到了不一樣的意義，

也發現另一片人生風景。

走訪兩岸，採集客家傳統山歌——黃連煜

挖掘文化底蘊 創造客家山歌新價值

我常說，每個客家人至少要會唱一首客家山歌，但多數人對客家音樂的認知僅止於此。「過去山裡有歌，現在歌裡有山；山在我的歌裡面，我在山裡面」，客家山歌經過黃連煜的手，拉升到另一個境界。本篇照片提供／黃連煜

我看到他的努力，讓客家山歌擁有了新的價值。傳統的客家山歌，如今也有了革命性的突破，可以唱得很藍調、很爵士，也可以成爲主流音樂，帶來這些改變的關鍵人物，正是兩度獲得金曲獎「最佳客語專輯獎」及「最佳客語歌手獎」殊榮的黃連煜。爲了厚實自己的客家底蘊，利於創作，黃連煜花了兩年時間在中國、台灣的客家庄采風，一路採集傳統山歌，整理歸納這些口傳心授的山歌規則，累積成龐大的文學資產。他更打算分享給客家鄉親，希望能讓更多人了解傳統客家山歌的內涵。

問起他規畫這趟采風行的動機，黃連煜巧妙地以「客家小炒」分享他對客家音樂的想法。「你是位廚師，每天都煮同樣的東西，會膩吧！會想去找更不一樣的食材出來。」他把自己比喻成客家菜廚師，努力追尋客家味，但道地的客家味其實不在於食材與做法，而是在於「味道」。

現在多數餐廳裡的客家小炒，把

豆干、三層肉、魷魚都爆得很香，但做出來卻是不對的味道，黃連煜直接點出問題，客家小炒講究的是「炒」而不是「爆」。三層肉跟魷魚先炒，不用放油，炒到香爲止，沒有豬油的味道，這道菜就不對了。他說山歌也是如此，要知道最原始的味道在哪裡，一定要找回來，客家歌才能傳承，才不會斷層。

短短四句，傳達厚實文化內涵

黃連煜在兩年之中，多次往來兩岸進行簡單的采風，去過五個省，走過二十五個客家庄，采風了百人，累積了很多「原生態」的客家山歌清唱版。他一直走、一直學習，總有人好奇的問

Profile

黃連煜

生於苗栗縣頭份鎮，音樂製作人兼創作歌手，進入音樂圈已有二十餘年，九〇年代與陳昇組成「新寶島康樂隊」，曾三度入圍金曲獎。已發行四張個人專輯，並獲得第十九屆及第二十六屆金曲獎的「最佳客語專輯獎」、「最佳客語歌手獎」。

他，台灣的山歌和中國是否一樣？

黃連煜解析客家山歌有兩個面向，一是音樂，一是文學。兩地的客家山歌在音樂方面不一樣，文學性則相同。在山歌的規則裡，詞和內容是一樣的，但曲式因爲移動到了不同地方和當地文化融合，就用新的音樂來包裝客家的精神，這就是客家山歌。

比方說，客家山歌最簡單的原則就是七個字、四句，還要押韻，平平仄平。還有一個規則，就是你可能要使用比喻、雙關語、歇後語。我一直很佩服客家山歌，短短四句裡，就可以把事情描述得很透徹，這就是功夫啊！沒有深厚功力是沒辦法做到的。客家山歌還有個重點，要懂得標準、純正又道地的客家話，唱出來的山歌，別人聽得懂才能回你。客家山歌，果然是一門很大的學問啊！

創意十足，從創業者到創作者

拿下兩屆金曲獎客語歌手獎的

黃連煜，學的是機械設計，重點在設計，他還是個發明王，在踏入歌壇前，開過公司販賣自己的新發明。一九八〇年代初期，黃連煜從學校畢業，當時工商業、電子業剛起步，他到電動玩具工廠工作，一做六年，無法得到成就感後，發明了「印章筆」，就把工作辭掉，自己開公司。

黃連煜膽子很大，以商場上常需要「簽名」、「蓋章」爲靈感，發明出「印章筆」，筆有印章的功能、印章有筆的功能，筆芯可以換，印章也可以換，輕薄短小一片，功能多多。他開模具生產，從生產、組裝、到銷售一貫作業，全部自己來。旁人覺得他莫名其妙，他卻自以爲很了不起。但因爲不擅長銷售，沒有花太多時間在市場上溝通和市場調查；產品品質也有些瑕疵。本錢不夠粗，口袋不夠深，兩百萬花光就沒有了，因爲這個發明，讓他負債累累。

我好奇的問他，是不是因爲商品化失敗的刺激，讓他正式決定創作音樂；但其實在上班族時期，黃連煜就悄悄在寫曲、寫詞，創作動力未曾稍減。有一天到朋友家，黃連煜心想生意也失敗，一切都覺得不順利，就拿起吉他，自彈自唱，唱客家歌「共樣的日頭……（同樣的太陽）」，唱著唱著覺得這樣也不錯，就慢慢的，從自己出發，寫歌抒發自己的感情。

遇見知己，新寶島康樂隊出發

寫了十幾首客語歌，在PUB碰到陳昇，提供自己做好的歌曲Demo給他，黃連煜第二天就到他的工作室去，聽到Demo第三首，陳昇桌子一拍說：「這就是我們要的！」一九九二年成立「新寶島康樂隊」，年年都有新作品，年年看起來都像新團，黃連煜也開始又作曲，又唱歌。

我最熟悉他的作品有〈歡聚歌〉、〈鼓聲若響〉、〈日出〉、〈多情兄〉，有客語、閩南語、原住

民語，還有一首黃連煜用客家腔閩南話寫、唱的，聽起來很有客家味。黃連煜的聲音很有磁性，也很低沉。我常常聽著他唱歌，有身處蒙古草原上的錯覺；同時聽到兩個音，一個很低，一個像泛音在跑，感覺很特別。

「新寶島康樂隊」成立後，不只希望自己唱客家歌，也希望別人一起唱。在錄製第一張專輯中的〈在這恬靜的暗晡頭〉的時候，就是黃連煜一句句教劉若英唱。在語言之外，他也曾把客家歌唱得很藍調，黃連煜認爲藍調、爵士、搖滾或是任何拉丁音樂，套用在民謠也沒有問題，就是包裝的方法。客家歌雖不是主流，但至少拿到檯面上要是好看的。

回歸初衷，聽山歌走上尋根路

跟陳昇一起打造了台灣非常特殊的音樂風格，不但原創力十足，還可以融合台灣各族群的語言和情感，比如說〈歡聚歌〉受多人喜愛，每逢選舉就是回味的時刻。黃連煜回首這幾十年創作，談到每個人心中都有原始的渴望。比如說，我們從小就非常渴望到都市，很想離開家，好不容易到外面，才發現發展也不是那麼順利，那個過程在我的生命中是完整的資歷。在台北幾十年之後，愈來愈強烈期盼回家，就是這種鄉愁，進而找回原始的自己。

「我是做客家音樂的人，這就是種責任。假如你是做客家音樂，而你又沒有客家的養分，寫出來的音樂怎麼會感動？至少你這關過不了，你兒子這關也過不了，自己都不滿意。」於是他開始思考，慢慢地想去尋找，〈山歌一條路〉代表的是一條尋根的路，也是這個年紀的反省。

客家人其實是一個語系，到處都有，客家話對客家人是很重要的，沒有了客家話，這個語系也消失了。山歌幾千年來記錄著客家人的生活，就好比客家人的血液、DNA，所以黃連煜回來跟山歌學習，樹長得再高，還是要有樹根，單靠自己一個人，還是會覺得累，黃連煜最簡單的下一個目標，就是繼續走，並盼望著年輕人的傳承。

志揚真心話

一個文化的傳承是需要很多人的，
同為客家子弟的我也深感光榮，
希望黃連煜的「山歌一條路」愈走愈寬廣。

精采訪談連結

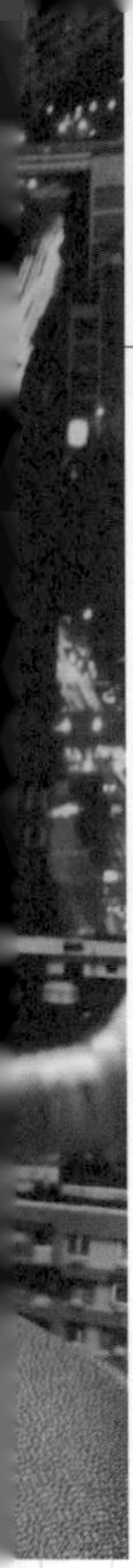

永遠背對觀衆的音樂家——林家慶

致力流行歌曲精緻化，推動古典音樂通俗化

許多五、六年級生，可能都和我一樣，有段台灣綜藝節目的特別記憶，那就是總有一位背對觀眾的指揮老師，為歌手們指揮著一組大樂團，只有在節目最後才會由主持人介紹「讓我們感謝，由某某某老師所帶領的某某大樂隊」。 本篇照片提供／林家慶

那個年代最爲人熟知的就是中視大樂隊指揮——林家慶老師，能指揮、作曲、編曲，上了舞台總是全神貫注，他對音樂的認眞態度感染了我和許多人，也成了我在音樂方面非常崇拜的偶像。綜觀台灣音樂史，應該沒有第二人像林家慶老師一樣，從膾炙人口的《在水一方》電影主題曲，以及傳統老歌改編，流行音樂精緻化到早年如《科學小飛俠》、《海王子》、《湯姆歷險記》等著名卡通的主題曲，什麼樣的音樂形式都涉獵，寫曲、寫詞都難不倒他，表現相當出色。

但在螢光幕前，他話不多，總是穿著白色西裝背對著觀衆指揮樂隊，直到節目尾聲，才在主持人邀請下轉身對觀衆揮手致意。即使到現在，已屆八十高齡，我邀請他到桃園舉辦演奏會，整場演出從排演階段、正式演出到結束，那麼長的時間，都站定指揮位置上，從頭到尾精神飽滿、聚精會神，精神著實令人欽佩。

林家慶老師總是說，他上了舞台就是全神貫注，除了音樂，其他事情都忘了。這樣一位執著面對音樂的人，大家都稱他是指揮家、編曲家，但多數人應該都不知道，林家慶老師原是位工程師，從早年很難考的工科第一志願——台北工專機械科畢業後，就到台電火力發電廠工作十年，之後才轉戰音樂圈。

無師自通，從自學到上台演出

林家慶老師出生的年代，正逢台灣戰事甫定，百廢待興之際，接觸

Profile

林家慶

音樂家，擅長作詞、作曲、編曲、指揮，曾任電視音樂節目製作人、「中視大樂隊」指揮兼團長。一九九八年退休。曾獲第十七屆金曲獎「特別貢獻獎」，二〇〇七年與中視大樂隊老搭檔組成「林家慶大樂團」，同年年底加入年輕樂師，改組成「愛悅大樂團」。

音樂的機會不如現在活絡。他接觸到的第一件樂器是口琴，自學自練；第二樣樂器是初中二年級得到的一把破的木吉他。儘管無法擁有新樂器，他還是非常開心的自己摸索吉他彈法。開始接觸音樂時，還沒到唱片風行的時代，所幸那時台灣已有唯一的交響樂團「台灣省立交響樂團」，每逢夏季，每週會在台北新公園（即現在的二二八和平紀念公園）的音樂台舉辦兩場演奏會，他每場必到。定期聆聽省交（台灣省立交響樂團）的演出，讓林家慶老師除了享受音樂、認識音樂之外，更重要是認識很多樂器，這也啓發了他對編曲產生興趣。

就讀台北工專期間，林家慶老師有機會與幾個同學參與剛成立的業餘「鼓霸大樂隊」，同時也成爲樂團後續發展的重要一份子。後來在台電任職期間，仍繼續「鼓霸大樂隊」的演出，經常從位在新北市瑞芳區的「深澳發電廠」出發到台北。當時深澳沒有巴士，五點鐘下班後，他從深澳步行半小時到八斗子，再從八斗子搭巴士到基隆車站，轉乘台汽客運到台北，單程就要花掉兩小時，樂團練習結束後，隔天上午六點鐘再出發趕回深澳上班。他有時也會隨著樂團應邀到桃園空軍基地演出，就會有吉普車到深澳接他。

在這段大樂隊演奏的經驗，讓林家慶老師感受到和聲與合奏之美，對他來說是很好的享受。他因爲對音樂的濃厚興趣，不僅無師自通，還在下班後，身心俱疲的狀態下，來回花上四小時時間投入樂團練習。不難想見林家慶老師對音樂的熱愛程度。這也讓我感受到無論任何夢想，都得努力去追尋，吃苦才會成功呢！

實作磨練，打下深厚創作基礎

林家慶老師藉著參加樂團、欣賞省交，仔細觀察每位演奏者、每種樂器各自扮演的角色，相互之間如何達成和諧。因此他不僅是演奏者，更試圖把流行音樂精緻化，以大樂團的編制，親自撰寫每個分部的曲譜，功力深厚，相當了不起。他也曾參與唱片錄製工作。當時在國外，作曲家只需寫出旋律後即交由編曲家編寫，但在台灣，什麼都講求快速，隔天要錄音，未編曲的新旋律前一晚才送到手上，林家慶就要花整晚的時間趕工，甚至在錄音室裡一面錄音一面編曲，這也給了他很好的鍛鍊機會。

我很幸運多次與「林家慶大樂團」合作，每次都有不同的心得。演出前練習，林家慶老師往往都會到場仔細聆聽，聽出缺點，現場立刻修改演出樂譜；更令人驚豔的是，不管是電影主題曲、流行歌曲、古典音樂、世界各國民謠或舞曲，他都有能力轉換，寫出大樂團編制的樂譜，這就是他在唱片錄製時期奠定的功力，我相信他是台灣少有這樣能力的人才，令人心生崇敬。

由於編曲的工作越來越多，林家慶老師毅然辭去台電的工作。當時除了唱片錄製工作以外，他更擔任國賓大

飯店夜總會的「國賓鼓霸大樂團」指揮。之後，中視籌備開播徵才，當時負責綜藝節目的節目部副理杜弘毅相當欣賞林家慶，就邀請他加入《每日一星》綜藝節目工作團隊。這個節目顛覆台灣綜藝節目的製作方法，率先採用錄音方式，同時也成立台灣第一個電視台專屬的「中視大樂隊」，負責錄音及現場節目的音樂。因爲是現場節目，遇上臨時修改曲目，就要現場改譜、寫譜，他的快速編曲功力，更趨上乘。

在中視服務期間，林家慶老師產出從兒童歌曲、流行歌曲到軍歌等各種類型的優質作品，如連續劇《萬古流芳》的主題曲，以及將秦孝儀先生寫詞、黃友棣先生做的大合唱曲〈白雲詞〉改編，成爲一般歌星能夠獨唱的另一種版本等。其中〈在水一方〉更是家喻戶曉，後來中國不少人改編，就連莫斯科交響樂團都曾演奏。我個人就曾經與爵士樂隊合作，演出爵士大樂團版的〈在水一方〉開場曲，對於僅有「業餘中的業餘」程度的我，這樣的表演經驗真是不亦快哉。

號召好手，發展美式爵士樂團

一九九八年退休，不久後與家人移居加拿大的林家慶老師，其實對台灣的音樂還是念念不忘，二〇〇六年，金曲獎頒給他終身成就獎，國內音樂界人士更是捨不得放他回加拿大。於是新北市邀請他舉辦演奏會，喜歡管樂的我更是接連邀請他到桃園舉辦多場演奏會，我也技癢一同登台吹奏薩克斯風。

每逢演出，林家慶老師會特地從加拿大趕回來，不僅號召老團員重回舞台，也培養很多到國外學爵士樂的歸國年輕好手，呈現「林家慶大樂團」這個厲害的演奏組合。此外，林家慶老師也積極想把台灣良好的Big Band Jazz帶到中國，他也多次邀請我一起推動。台灣是個多元、開放的社會，在音樂、文化等方面發展迅速。我非常期待林家慶老師有機會帶團赴中國大陸演奏，喚起大家注意Big Band的風範及表演形式。

志揚真心話

“林家慶老師說：「音樂要用心感受、接受，
它會讓你的人生變得非常有意義。」
對喜愛吹奏薩克斯風的我來說，
音樂能豐富我的人生，
沒有音樂的人生就像白活了。”

精采訪談連結

在鄉間小路吟唱的浪漫民謠詩人——葉佳修

歌紅不必自己唱，民歌界的不老傳奇

對和我一樣的五、六年級生來說，「校園民歌」陪伴我們度過許多年少時光。歌詞吟詠山水、生活，旋律清新自然，由各大專院校學子唱來更顯濃濃校園氣息，當時更出現多位左手抱著吉他，右手寫歌、寫詞，又能唱的校園歌手。 本篇照片提供／葉佳修

葉佳修可說是早期校園民歌創作代表人物之一，那時候有許多膾炙人口的歌都出自於他，像是〈外婆的澎湖灣〉、〈思念總在分手後〉、〈鄉間的小路〉等等，從校園民歌、閩南語歌曲、戲曲、音樂劇、中國民歌，觸及全方位音樂類型；不僅推動台灣原創音樂的發展，也影響了整個華語樂壇。至今創作了近千首歌曲，他被媒體公認爲台灣校園民謠最重要的奠基人之一，後來更爲華語流行音樂做出極大貢獻。

大學念政治系，卻成了音樂人的葉佳修，說起對於音樂的執著，原因竟然來自於文學。他喜歡文字這種表達方式，從高中開始寫新詩；透過一次次的創作，感受到文字的存在是靜態地、被動地等待人們欣賞；但歌曲有聲音、旋律，有侵略性，讓他興起「靜靜地等待，不如拎著耳朵灌進去」的想法，思索著如何透過歌曲將自己書寫的文字傳達給更多人。

文學之重，鄉間小路有詩人相伴

葉佳修理解到歌曲其實是有旋律的說話表現，比如詩可以朗讀；多年之後，因爲這個想法，他多次舉辦詩與民歌結合的活動，或是將詩人的詩作譜曲，提高歌的文化性，也呼應了他覺得「文學很重要」的理念。

從文學角度來看，葉佳修認爲中華文化眞正能夠流傳下來的是文字，像是《詩經》、漢賦、唐詩、宋詞，不被社會、政治環境或任何方式影響，都是自然留下來的，也許旋律已失傳，但文字都留下來了。眞正人們的生活隱身在詩詞內，透過詩詞實際反映出中產階級的眞實生活，也因此前人留下「凡有井水處，即能歌柳詞」這句話。

Profile

葉佳修

知名音樂人，台灣校園民謠最重要的奠基人之一，也是七〇年代台灣「民歌運動」的主力之一。代表作品有〈外婆的澎湖灣〉、〈鄉間的小路〉、〈思念總在分手後〉等。

在我認知裡，以前的詩賦是用「吟」的，不是用唱的，也不是用講的或念的，必定帶有旋律在其中；所有的歌與詞都很重要，詞的基本來自文學的底子，文學又要跟生活實際搭配，這才是整個音樂產生的源頭。

也是因爲這樣的想法吧！有次在中山堂演出，葉佳修在國樂的伴奏下表演〈鄉間的小路〉，他回想那時，抬起頭竟有種李白、杜甫、李清照都在看著他的感受，詩人們和他一樣，有著走在鄉間小路的經驗，都是吃鄉間小路旁的稻米長大，即使進化到使用機器播種收割，鄉間小路依舊不變。景觀不變，歷史就這樣傳承下來。喜歡唱這些歌的人會去思考，生活雖然相同，但想法與環境不同，怎麼表現這個時代的差異，讓後人可以記起來，這是很不錯的事。

失戀之苦，化作音符述說浪漫心

至於葉佳修眞正把新詩改寫成

歌，就得說到他的浪漫愛情故事。葉佳修還是大一新鮮人的時候，仰慕隔壁班女同學，開始寫新詩投稿校刊，希望引起對方好感。發表幾篇之後，有一天，上午剛發表新作，中午與同學相約用餐，才走到校門口一看，怎麼自己的名字上被踩個大腳印？

他回想當年的心情，覺得好像自己躺在那等人來看，人家不但不看，還賞個大腳印。他領悟到文字是靜態的，若要讓別人明白自己的心意，還必須唱出來。他立刻轉身往吉他社跑，學吉他，短短一個月學了五個和弦，手都起水泡了；後來，這首詩一個字都沒有改，譜成曲，就是〈流浪者的獨白〉。

這件事之後，葉佳修曾和心儀的女孩簡短約會，但女孩的學姐提醒了女孩，葉佳修是風雲人物，一入學當上足球隊隊長、吉他社社長，這樣被矚目的情侶關係，萬一兩人沒有結果，豈不難堪。因此那位女孩換了

方式，讓全校都知道葉佳修追她，但追不到，直到謝師宴那天的最後，女孩邀他同桌面對面而坐，語帶感激地告訴他：「謝謝你給我充實的四年，我明天要訂婚了」；還說出了「你很優秀，是公共財，公共財是不能獨享的。」雖然這段感情無疾而終，但這段愛情故事，還流傳在東吳校園裡，也讓葉佳修的音樂才氣嶄露頭角。

動人之愛，寫出與家人深切情感

葉佳修的歌詞有個特性，就是先把歌曲發生的場景交代清楚，以〈鄉間的小路〉爲例，歌詞中「走在鄉間的小路上，暮歸的老牛是我同伴，藍天佩朵夕陽在胸膛……」因爲他相信：先鋪陳場景，讓聽眾進入能夠熟悉的環境，才可以慢慢引領他們感受詞曲中想要表達的情緒。

寫〈外婆的澎湖灣〉之前，葉佳修未曾到過澎湖，但透過潘安邦敘說的故事，他的腦中浮現了一幅畫。潘安邦的外婆因爲腳不舒服，出門都要拄著拐杖，另一隻手還要牽著孫子，這讓葉佳修感受到外婆把孫子的安危看得比自己更重要，深深感動了他。所以歌詞第一段的最後一句，他寫下「有著腳印兩對半」的重點，像是猜謎似的，到了第二段開頭才揭開謎底：「那是外婆拄著杖將我手輕輕挽」，簡潔地呈現出外婆動人的愛，也讓這首歌從一九七九年問世至今，將近四十年，不只跨世代流傳，幾乎全球華語世界都能朗朗上口。

出了幾張專輯之後，葉佳修慢慢開始爲歌手量身訂做歌曲，也發現有些歌不適合自己唱。他曾戲稱，〈再愛我一次〉若不是由蔡琴唱、〈秋意上心頭〉若不是陳淑樺完美的詮釋，都無法紅遍大街小巷。其他像是曾心梅的金曲獎歌曲〈酒是舞伴你是生命〉、陽帆的〈愛情列車長〉都是他的作品，更曾參與兩百多張專輯的製作。

鼓勵之意，讓年輕人發揮創作力

目前葉佳修更致力於推動兩岸與世界等地華語歌曲的創作交流，並擔任重要歌唱比賽的評審。未來他想把關於音樂的一切，都告訴有興趣的年輕朋友們，鼓勵他們累積自己的生活題材，用最簡單的寫作方式書寫出來，等有一天能量爆發，自然而然產生創作自己歌曲的想法。

書寫產生的作品就能代表自己的時代，比如曾經的大學城歌手，在葉佳修眼中，每一位都有自己的想法，都很精采。當年的謝宇威，以客家歌曲〈問卜歌〉參賽，因爲其他評審不懂客家話，葉佳修還幫忙「翻譯」，解釋歌曲涵義；現在的謝宇威，早已成爲獨當一面的歌手，找到了自己的方向。

對於未來，葉佳修希望自己能成爲如當年在東吳大學求學期間的系主任一樣，讓孩子們發展自己的興趣、專長，一如當年的葉佳修，後來的謝宇威，如此才能讓台灣的音樂發展，繼續激盪，開花結果。

志揚真心話

“說起玩音樂的動機，
葉佳修因為愛情踏上音樂路，
而我則是因為吹薩克斯風騙到我太太！”

精采訪談連結

譜一曲世界級的客庄交響夢——張鴻宇

微笑鄉鎮裡樂音悠揚，小地方成就大夢想

聽到龍潭，你會聯想到什麼？愛賞風景的遊客，想到的是小人國和石門水庫；好吃饕客的回答，可能是石門活魚與花生軟糖。而我在這裡不只看到了湖光美景，更結識了一群熱愛音樂的人——龍潭愛樂管弦樂團。 本篇照片提供／張鴻宇

位在桃園市南部的龍潭，曾獲選爲全國三百一十九鄉最舒服的「微笑鄉鎮」，是一座純樸的客家小鎮。這裡說起來只是個小地方，但卻有著全台其他鄉鎮都沒有的國際級樂團——龍潭愛樂管弦樂團。而一手將龍潭愛樂從寥寥數人的音樂同好會培養成正式樂團的人，就是團長張鴻宇。

張鴻宇自幼深受擔任音樂老師的母親薰陶，從小學習風琴，就此開啓他的音樂之路。政戰學校音樂系畢業後，更獲得公費至輔仁大學指揮研究所進修，後任職於陸軍軍樂隊，也參加幼獅管樂團，因此常有機會遠赴海外演出，得以參訪日本軍樂祭、韓國軍樂節，甚至遠赴挪威、美國德州參加軍樂活動。

在幼獅管樂團，更是每年應邀至世界各國與在地藝文團隊結合演出，看到不同國家的人文，拓展了他的眼界。在國外，張鴻宇發現許多縣市鄉鎮，都有屬於自己的樂團，也觸動他成立樂團的心念。最讓他感動的是在日本，見到一

位爺爺牽著孫子的手去社區樂團排練，爸爸則提著樂器走在後頭，一個樂團裡囊括了祖孫三代，讓他在感動之餘也想回台打造這樣的樂團。

從十歲到六十歲，人人都愛樂

張鴻宇任職陸軍軍樂隊期間，多次參與龍潭鄉的活動，當時就曾向鄉長葉發海先生建議成立龍潭鄉專屬樂團，因爲他相信一個市鎮能擁有當地樂團，是足以引以爲傲的，市民不只幸福，更會覺得與有榮焉。鄉長爽快應允，陸續經

Profile

張鴻宇

前陸軍軍樂隊隊長／音樂總監，政戰學校音樂系主修作曲，輔仁大學音樂研究所管弦樂指揮碩士。

二〇〇七年與妻子中提琴演奏家陳怡秀，偕同愛好音樂的朋友們，創辦龍潭愛樂交響樂團。現任龍潭愛樂管弦樂團團長兼指揮、救國團總團部幼獅管樂團副指揮、新北市新莊管樂團音樂總監、世界軍樂協會亞洲區台灣代表等職。

過成立愛樂協會、舉辦鄉長盃音樂比賽等草創階段，於二〇〇八年正式成立龍潭愛樂管弦樂團。

樂團成立之初，有感於「龍潭」二字富有人文氣息，就以之爲名；加上「愛樂」，則是希望有朝一日能像「維也納愛樂」一樣有名，讓夢想從小地方出發，逐步完成遼闊的願景。剛開始只有六位龍潭在地的孩子參加，並在藝術總監陳怡秀老師指導下練習；而鄉內的經費支援相當有限，但舉凡燈會、鄧雨賢紀念音樂會等在地活動，都會邀請龍潭愛樂登台表演，建立起樂團名聲。而作爲客家庄出身的樂團，龍潭愛樂也致力於客家音樂的精緻化，多次參與桃園市政府客家事務局舉辦的桐花祭、天穿日、客家文化節等活動，將日常生活中的客家曲子，像是傳統的客家平板、涂敏恆老師的〈客家本色〉、黃連煜老師的〈客家世界〉等，用管弦樂重新詮釋，更凸顯出客家音樂的藝術特質。

如今樂團編制已非常完整，有近八十位團員，附屬團隊更多達一百多位，稱得上是大樂團了。最令人感動的是，樂團成員從十歲到六十歲都有，有夫妻、有父子、有母女，有親戚，有鄰居，都是在地訓練出來的。二〇一五年，他們首次登上國家音樂廳，對龍潭這個小鄉鎮來講，實屬不易。隔年再次登台，以「樂自客庄來」爲題在國家音樂廳演出。

梁祝有緣再相逢，相約桐花祭

龍潭愛樂「在地化」的特色，不只表現在樂團成員的組成，在選曲上也有自己獨樹一格的特色，平時除了選擇古典作品磨練技巧外，客家音樂自是少不了的。

由於張鴻宇自身的作曲專長，加上了解團員們的能力，所以就能「因材編曲」，讓團員得以適性發揮，也能帶來耳目一新的效果，讓聽衆感受到客家音樂與古典音樂就在我們身邊，達到「流行音樂交響化，客家音樂古典化」。樂團經常演奏國內名家作品，如同爲龍潭人的鄧雨賢老師之〈望春風〉、愛鄉愛土的蕭泰然老師之〈台灣頌〉、現正當紅的李哲藝老師之〈馬卡道狂想曲〉、〈廟埕〉、〈天空落水〉。除了這些曲目以外，也會挑戰高難度的，比如羅西尼的〈神奇的玩具店〉，管樂界同好都很喜歡的〈Danzón No.2〉等。

為了讓團員學習到音樂大師的風範，張鴻宇也多次力邀樂壇大師合作，二〇一四年桐花季活動「梁山伯與祝英台在桐花樹下」音樂會，邀請國立台灣交響樂團首席張睿洲老師演奏〈梁祝小提琴協奏曲〉；國家交響樂團首席吳庭毓教授演奏巴爾托克的〈第一號狂想曲〉；並邀請國際級指揮郭聯昌教授擔任客席指揮，引領團員登上國家音樂廳。

團員們的傑出表現，也讓樂團頻頻傳出喜訊，接連獲得客委會的肯定與扶植、多次入選桃園市傑出演藝團隊，獲得最高等的「傑出級」殊榮；更連續五年參與文化部「村落文化發展計畫」，把音樂帶到偏鄉，帶到高山，帶到桃園的復興區、帶到新竹的關西鎮，也把觸角伸到苗栗，希望龍潭愛樂的樂音不只在當地發光發

熱，更能向桃園以外的地方傳播。

推廣音樂教育，學琴孩子不變壞

大家都說學音樂的孩子不會變壞，龍潭愛樂也確實不間斷地培養出許多優秀學子。但當環境中充斥各種令人分心的事物，又該如何吸引小孩接觸音樂？張鴻宇自有一套看法。他認爲國中、小的孩子正值叛逆期，加入管弦樂團，不只減少接觸不良誘惑的機會，還能學習到團隊合作的精神。他舉例，在交響樂團內，任何一種樂器不會永遠都是主奏，團員之間要相互幫助，樂音要相互配合，這就是張鴻宇常跟團員講的「一音一心」（One band, one sound），一起通力合作完成屬於大家的演出。

樂團裡的學習環境也不像在家學鋼琴，只面對鋼琴老師一人，而是要面對整個樂團與台下的觀衆。長期下來，不論是團隊合作精神、負責任的態度、正式場合該有的禮儀，以及樂器演奏的技巧，都會有長足的提升；平日讀譜、練習樂器時的專注同樣能用在課業上，能提升理解速度；而演出結束後台下給予的掌聲，更能給孩子花錢也買不到的成就感，這對他們未來工作與學習都有相當正面的影響。張鴻宇也自言從小學鋼琴時，就體悟到音樂是時間的藝術，短短的樂曲卻讓人留下連綿不斷的感動；有些樂曲裡沉穩的節奏，也能產生安定人心的作用，沉澱紛雜的情緒，這些對個人而言也都是寶貴的資產。

張鴻宇之所以與夫人攜手成立

樂團，不只是推廣音樂而已，更希望樂團能做一些不一樣的事，發揮正面的力量，所以也歡迎有興趣的民眾參加。除了正式的管弦樂團外，還有「酷爸爸薩克斯風團」、「俏媽咪長笛團」、「左鄰右舍烏克麗麗團」以及唱民歌、民謠的「愛樂台三線Live Band」等附屬團隊。張鴻宇誠摯歡迎每一位愛樂人參與，跟他一起領略音樂之美。

志揚真心話

只注意小孩的課業競爭，
那叫competition彼此都很辛苦；
參加樂團，大家一起完成一首歌，
叫cooperation，合作的成就感自是不同。

精采訪談連結

當爵士樂遇上客家民謠——官靈芝

以母語歌與國際接軌，讓世界看見客家文化

這幾年，官靈芝不僅live表演廣受好評，被讚譽為「台灣live界女王」，更在音樂上不斷挑戰、創新：用爵士曲風詮釋〈落水天〉等經典客家民謠。我問她下一步想做什麼？官靈芝感性的說，若能做出史詩般的客家音樂，這一生就死而無憾了。 本篇照片提供／官靈芝

二〇一〇年，以爵士樂風詮釋客家傳統民謠的專輯，讓官靈芝獲得金曲獎的肯定。因爲熱愛音樂，官靈芝從最早的美軍俱樂部、唱遍酒吧、西餐廳、夜總會，在爵士樂的世界裡，一唱就是三十多年。她除了經常參加台灣本土的爵士音樂節，也曾多次應邀越洋到美國舊金山、杜拜等地演出。在各種演出形式中，官靈芝尤其鍾情live演出，根據統計，她光是live演出，至今累積五萬場之多。

熱愛吹奏薩克斯風，也同樣有現場演出經驗的我，問起她爲什麼喜歡live演出？官靈芝回答我，唱live讓她有種特別的感動，還可以感受到與現場觀眾之間能量的互相衝擊。

家學淵源，從小接觸音樂

我想和我一樣聽過官靈芝現場表演的人，無不被她具有磁性及爆發力的聲音給感動。邀請她到電台節目中來談音樂時，我第一個問題就是「何時開始對音樂產生興趣？」官靈芝以充滿回憶的語氣回

答我：「應該是從娘胎就開始了。」官靈芝的父親，會演、能導，還會文武場、嗩吶、鑼鼓點，被稱爲「戲狀元」。家中有劇團，由父親領軍，歌仔戲、採茶戲、平劇等各種戲曲都演，因此她不僅從娘胎開始聽戲，還是國、台、客三聲帶。三歲大時，她就隨著飾演包公的爸爸在《鍘美案》中登場，以主角陳世美和秦香蓮的小孩，被追殺的橋段「出道」，因爲演出太自然，廣獲觀衆好評。

儘管如此，從小接受國、台、客傳統戲曲薰陶的官靈芝，卻在受到擔任鼓霸大樂團頭號小喇叭手的大哥影響下，走上西洋樂曲路線。官大哥在學校參加軍樂隊，服役回來後就加入鼓霸大樂團。她跟著哥哥聽西洋歌曲、演奏曲，Glenn Miller、

Profile

官靈芝

客籍爵士專職歌手，三十年的歌唱生涯，曾以《頭擺的你》專輯獲得第二十一屆台灣金曲獎最佳客語歌手獎。

Lou Bega的〈Mambo No.5〉，都是她耳熟能詳的。也因爲常聽，官靈芝在七歲時就會唱英文歌，更以一首字少易記的〈Say Yes My Boy〉與英文歌結下不解之緣，而這就是官靈芝的爵士樂重要啓蒙時期。

熱愛表演，散發舞台魅力

官靈芝從求學時期，開始背著吉他到處表演，從小型的半小時pub演唱，到在中東杜拜有四個足球場大場地上表演，大大小小各式演出爲她累積豐富的現場表演經驗，也讓她喜歡上live演出，近距離與聽眾互動。我問她會邊唱歌邊看觀眾的眼神嗎？她說就在那個空間，那個時刻，台上表演者藉著歌聲發出能量，傳達出去；台下聽眾也以能量回饋，這樣的互動，她認爲是發行再多唱片都沒有辦法體會到的感受。官靈芝還說，每次live演出表演累積的能量，要在結束後三小時身體的熱度才會下降，才會平復下來。

官靈芝也分享了她在二〇一五年應知名直銷商邀請在杜拜沙漠中擔任壓軸演出的難忘經驗。她說，舞台就搭在沙漠中，如羅馬競技場、四個足球場大，演出如〈You Raise Me Up〉這類有著勵志意味的英文歌曲時，一開唱就展現她氣勢澎湃、激勵人心的歌聲，但因爲場地太大，爲了避免觀眾看不清楚演出者，還特別架設有六層樓建築那麼高大的銀幕，不過從遠處看來，最容易看清楚的還是銀幕而已。

發揚母語，跟世界做朋友

透過一次次的表演，官靈芝什麼樣的場合都經歷過了，live演出讓她收到很大的心靈回饋，眼界也開了。但live演出和爵士樂曲，並非如一般流行歌曲大眾化，需要有人懂得欣賞。因此官靈芝也開始推廣音樂的計畫，她以自己被鼓王黃瑞豐所成

立、擁有國際化組合的福爾摩莎爵士樂團帶領成長的經驗，提出由經驗豐富者引領新人，母雞帶小雞的概念。與大師一起演出，使自己有很大的收穫。同樣的，與經驗少於自己的演出者合作，能夠讓自己在心中複習一次對音樂的概念，透過溝通，自己也可以向新人建議彼此的合作方式，這都是一種必要的過程，讓自己做一次回顧，彼此都有收穫。

近年來，官靈芝不斷嘗試、創新自己的表演。在表演三十多年爵士樂之後，她回歸到母語，唱客家歌，把客家歌結合她熟悉爵士樂、藍調、巴薩諾瓦、拉丁、靈魂、香頌等世界各種曲風，展現客家歌曲新風貌。她以爵士樂演繹客家歌曲得到金曲獎的CD上有句slogan：用母語跟世界接軌。官靈芝以肯定的語氣說出：「母語的力量讓我得到最高的榮耀，所以我一定會繼續從事母語音樂的工作，而且以我這麼多演唱經歷跟看到、聽到的注入客家音樂裡。」

繼去年挑戰歌舞劇《辣妹上學去》，演出台灣第一部以外役監為題材的真人真事改編舞台劇的女主角之後。樂壇前輩涂惠源和林秋離兩位聯手為官靈芝打造國語新歌，讓她在客家歌之外，以兩岸流通的語言與彼岸聽眾交流互動。她也說出自己對客家音樂的想望，只要有好的想法、素材，克服經費難題之後，想要做的是如史詩般的客家樂曲，以歷史詩篇呈現，做到以母語歌與世界接軌，讓世界看到客家文化。

志揚真心話

“官靈芝說每次live演出累積能量的熱度，
要在结束許久身體的熱度才會下降，
也曾在聚會中被拱上台吹奏薩克斯風的我
感同身受，就是個「爽」字。”

精采訪談連結

迎風翱翔，散播音樂的愛與夢想——廖柏青

懷抱對音樂與人的關懷，跨界演出精采人生

近年來，全球彷若揚起歌唱選秀風潮。手拿遙控器隨手一轉，英國、美國、中國，還有台灣自己的歌唱選秀節目，隨處可看，是娛樂界最夯話題。其實早在一九七〇年代的台灣，就已經出現《大學城》這樣的選秀節目，造就了一批優秀歌手。本篇照片提供／廖柏青

音樂和體育一直是我的最愛，也是我主持的廣播節目中最常討論的題材。但在七〇年代以前，我和多數人一樣只聽西洋歌曲，那時的台灣國語樂壇沒有真正的音樂流行方向，直到七〇至八〇年代揚起一股民謠風、民歌風，開啓了「校園民歌」時期。

事實上，台灣在七〇年代中後期至八〇年代初期就曾舉辦電視歌唱選秀節目《大學城》，音樂界有很多歌手、製作人、作曲家都由此發跡；有些人後來雖沒有從事音樂工作，但在各行各業發展得很好，且大多未能忘情歌唱。

前陣子我參加了大學城第六屆選秀歌手、現任華航機長廖柏青的個人演唱會，他喜歡唱歌，參加過民歌活動、在餐廳駐唱；也多次參與大型音樂劇演出及各種演唱會，更嘗試創作。即使現在機長工作非常忙碌，還是不忘對音樂的熱忱與夢想，積極以歌聲響應關懷偏鄉教育等公益活動，透過美妙的音樂撫慰、激勵人心。

Profile

廖柏青

曾參與《大學城》歌唱選秀節目，現任華航機師。

帶著吉他，躋身民歌星光幫

參與大學城第六屆比賽的廖柏青說，民歌的早期代表人物有吳楚楚、葉佳修，那個年代大家創作自己的歌曲，寫出意義深刻的歌詞，或是感情豐沛的小品，如同清流般深入人心。後來陸續舉辦「金韻獎」青年歌謠演唱大賽、《大學城》全國大專創作歌謠大賽，民歌風開始流行，掀起一陣熱潮。

當時的「金韻獎」屬於歌曲演唱方面，爲人熟知的獲獎者有齊豫、鄭怡等人；後繼的《大學城》則開創作風氣先河，曲風愈來愈多元，出現許多目前在音樂界頗負盛名的製作人，如丁曉雯、林隆璇、黃國倫等。這兩項音樂比賽，對於華語歌曲流行方向影響甚鉅，宛如

華語歌壇的啓蒙運動，當時希望每一位音樂人都具備創作能力與歌唱實力，演唱自己寫的歌曲，詮釋起來也別有韻味。

廖柏青在參加《大學城》比賽之前，曾在民歌餐廳打工唱歌。那時候民歌西餐廳非常流行，木船、尼羅河、木吉他、迪門等餐廳都備受青睞。我還記得，當時學校附近的民歌餐廳特別多，店門口除了菜單之外，還貼有用來招攬客人的當天表演卡司，餐廳現場音樂表演的風氣相當興盛，廖柏青也因此「很文青」地拿把吉他去參加《大學城》比賽。

啟蒙歌手，尤其擅長抒情風

廖柏青對歌唱產生興趣，其實受黃鶯鶯的影響頗深。從學生時期就聽她的歌，模仿她的唱腔。當時英文專輯的資源不多，而黃鶯鶯的唱片幾乎都是英文專輯，她總是挑最好、最流行的歌曲，重新編曲詮釋；加上她的英文歌唱腔的轉音、情感表現方式也很精采，讓廖柏青對黃鶯鶯的專輯幾乎每張必買，演唱會每場必到。

在這樣的薰陶下，多年來始終熱愛歌唱的廖柏青，特別擅長抒情、爵士及音樂劇歌曲。他認爲爵士比較free，很多歌曲的涵義是透過歌者的生活經驗和音樂歷練所製造出來的。每一場表演，即使是同樣的和絃，面對聆聽的觀眾、伴奏的樂隊不同，唱出來的聲音也應該不一樣。他認爲這就是爵士迷人之處，是人與音樂的對話，人生歷練愈多，愈能唱出感情和意境；被媒體譽爲「台灣民歌之父」的胡德夫先生與西洋歌手Ray Charles，皆是如此。

除了民歌手、民航機機長身分之外，廖柏青還有段很有趣的經歷，就是曾爲「青訪團」的成員。青訪團是早年由教育部主辦，由國內各大專院校的有志青年們組成，經過嚴格

集訓，學會各種表演後走向世界，到各地宣慰僑胞。青訪團受訓過程很辛苦，除了唱歌，不管是不是舞蹈系，每個人都要學舞蹈。也因爲巡迴過程需要體力，每天基本鍛鍊要跑五千公尺，男、女生一起跑，跑完接著練伏地挺身、仰臥起坐。也因爲團員人數不多，每個人都身兼數職，表演、搬道具、搭舞台，到歐洲時接連趕場，有時忙到衣服都沒時間換洗。

走進偏鄉，傳遞愛與關懷

大學畢業，廖柏青在因緣際會下報考華航飛行員，錄取後被送往美國接受又一段嚴格的集訓。他原本讀文科，赴美受訓的所有課程卻都是空氣動力學、氣象學、機械原理與實務操作，多數是他從未想過會認識到的內容。除了要具備國際觀、自然科學知識外，更得爲航程中每一位乘客的生命安危負責，IQ、EQ一樣也不能少。

生命過程中，彷彿和嚴格集訓都脫離不了關係的廖柏青，回頭看這幾段歷程，對他的人生及對事情的看法都造成很大的影響，他也體會出人的潛力是無窮的，只要懂得激發、鞭策自己，許多事情都可以做到。

雖然工作上要面對時間、氣候、長官要求、專業技術等各方面的壓力，廖柏青還是樂於分享屬於機長的快樂給大家。像是歐洲就特別吸引他，每到一個地方都會去品嘗當地食物，體驗當地生活，除了可以看看外面的世界之外，也能順便調整時差。透過這樣的方式，讓他見識到很多國家的風土、文化，這也是充實自己生活的方法。

如果遇上休假空檔，那就是他的公益活動時間，經常會與幾位同事，穿著機長或空服員的制服，到偏鄉小學帶孩子們學習英文，展示在飛機上或航空公司裡的工作內容，也曾爲了響應關懷偏鄉教育，苦練客語歌

曲讓孩子欣賞。一切努力，只希望能啓發孩子們，讓他們對未來、對天空懷抱憧憬與夢想。廖柏青是這麼認爲的：只要種下一顆種子，夢想就有實現的可能。

未曾忘情歌唱的廖柏青，未來更將繼續創作，希望有朝一日錄製一張自己喜歡的音樂，分享給大家。在此也祝福他，早日夢想成眞！

志揚真心話

不論思念家鄉，或強調對土地的愛，音樂都可以表達出來。

精采訪談連結

不安於室的跨界人生——蔣顯斌

橫跨科學與人文，夢想十年拍百部紀錄片

《少年Pi的奇幻漂流》是我很喜愛的電影之一，每次觀看都有不同體會。電影裡主角遇上大災難，老天留他一人獨活，並戲劇性地給了他一艘載有老虎的救生艇，人虎共存；我想，如果沒有這隻老虎激起主角的求生欲望，他可能活不下去。本篇照片提供／蔣顯斌

我的大學同學蔣顯斌，在家人與社會期許下，一路念到台大機械系與史丹佛機械碩士；後來更創立了華淵科技（新浪網的前身），現在的他擔任CNEX基金會董事長，以「給下一代太平盛世的備忘錄」為期許，十年之內要做百部詳實記錄華人點滴的紀錄片，留下華人世界的故事。這是屬於蔣顯斌的奇幻漂流，至今三分之一的人生精采又有趣，未來的他又將如何繼續書寫他的故事？

提到「新浪網」，很多人對logo上的大眼睛印象深刻，這就是來自蔣顯斌的發想。他是我在台大機械系的好同學，即使後來我轉入法律系，走上不同的路，我們還是成了鐵桿好友。

多才多藝的蔣顯斌，繪畫與書法的能力非常強，國標舞跳得很好、高爾夫球打得不錯，琴棋書畫兼運動全才，這些能力更促成他後來的成就。他是網路時代裡，少數至今仍存活的第一代入口網站「新浪網」的創辦人之一，算是曾祖父輩等級的網路人。

乘上網路浪潮，開始奇幻漂流

蔣顯斌曾說，每一代都會有創業潮流，所以網路圈每兩年江山要換一代人。後來他在追尋社會意義的思考之下，創立CNEX（Looking For Chinese Next的簡稱）基金會，從NASDAQ上市的網路創業者，轉身成爲華人紀錄片十年計畫推手。

年紀列於五年八班的蔣顯斌，大學時代念的是機械，當時普遍存在只要是男生就該念理工科的社會壓力，但他不了解機械系內容是什麼？直到進入台大機械系才開始培養感情，這也是他人生奇幻漂流的開始，上了一艘船，開始認識自己。

大學畢業後，他留學美國史丹佛大

Profile

蔣顯斌

台大機械系、史丹佛機械工程碩士，新浪網合夥創辦人，現為CNEX基金會董事長。

學，在機械系裡挑了「介面設計」這條路線。現在非常夯的介面設計，在當時很冷門，大家搞不清楚那是什麼？其實就是使用蘋果電腦的HyperCard。了解介面設計的人很少，但蔣顯斌卻覺得很有趣，結合了設計、機械相關的知識技術，他也做了人機介面設計。蔣顯斌舉例，就像電梯裡的按鈕就是人機介面，怎麼設計得好、操作更簡易，才不會讓使用者產生按鈕壞掉的錯覺，這段時間被蔣顯斌認爲是強烈探索自我的過程。

後來他創業，將近十五年的時間在「新浪網」，經歷了從北美到台北，又到上海、北京，整個大華人圈的發展。他形容自己心裡有隻小怪獸，不時冒出從事人文相關工作的想法，他覺得創業後，公司上了軌道，是時候給自己機會，也讓自己能夠和這個社會展開另一個對話，於是決定投身紀錄片相關工作，許了願望：十年做出百部華人紀錄片。

紀錄片為媒介，解構台灣社會

在蔣顯斌的心裡，紀錄片非常有趣，他戲稱在大學時期就感受到紀錄片對他的召喚。那時候正好面臨解嚴時代，學校發生很多學生活動，但也讓蔣顯斌感受到很大的不安，因爲當時對自己身處的處境以及整個社會該往那個方向不解，只感覺到很多力量被沖散了，過去舊的秩序瓦解，新的東西重組。

後來他無意間看到天下文化推出的紀錄片《尋找台灣生命力》，突然從中有所醒悟，想到用另外一種方式看到社會力量重組過程中，可能會發生的失序，其中蘊藏了一些未來的可能性，讓他釋懷許多。人在國外求學的他，持續用紀錄片補充自己對世界的看法，包括中國大陸的《河殤》，也是他看過的主題型紀錄片。創業以後，這個習慣仍繼續維持，他也發現國際上好看的紀錄片眞的很多，相對地華人紀錄片不太夠。

到了二〇〇四、二〇〇五年，兩岸華人皆在進行非常多的實驗，當時正好碰上兩顆子彈的事件（三一九槍擊事件）造成台灣撕裂；在對岸的北京、上海，看到的則是全民投入創造財富，一如台灣在股票上萬點、錢淹腳目的過程。

蔣顯斌感覺整個華人世界正在面臨非常大的十字路口，那時他邀集朋友之力，合作拍攝華人紀錄片，成立了CNEX基金會，每年用不同的主題去扣問這個世代，然後十年能夠拍一百部紀錄片，也許能夠捕捉十年間社會的變化。

蔣顯斌推出十年百部華人紀錄片計畫，廣邀導演提案，每年會從上百位導演的提案中，選出十個合作案，把它變成作品，端到螢幕上、電影院、國際影展等等。他提到兩岸三地有許多華人導演都拿著鏡頭觀察這個社會，只是他們拍的作品可能僅放在自己的抽屜，沒有機會拿出來。所以他給了導演們理由，等於是導演抽屜計畫，和CNEX基金會一起完成。紀錄片的魅力之於蔣顯斌，即是用一個媒體、文本，把「時間」這個因素牢牢提煉出來。

在未來，他也希望能夠有紀錄片電視媒體及專用頻道，二十四小時放映。用紀錄片、用凝視的方法去理解台灣對於全世界發生的事情，蔣顯斌希望能夠服務這個閱讀群體。

超越島嶼之外，夢想是共通點

一路走來，蔣顯斌發現「夢想」這個大主題一直在台灣觀眾心中譜寫很重要的旋律，之前他曾製作過的紀錄片，如《街舞狂潮》講述年輕人考上大學的暑假去練街舞，最後贏得比賽的小夢想；香港音樂神童的《音樂人生》，談論的也是個人夢想與社會期待的碰撞；《不老騎士》則是講老人家的夢想，老人家也有權利去做他的最後一個夢。

蔣顯斌長期觀察紀錄片生態，覺得台灣有個很溫暖的地方，就是當中國大陸看的是整個社會的變遷，大量地天翻地覆的翻轉；而台灣挖掘的是人的內心，人的內心還有什麼缺憾、還有什麼不滿，還有什麼值得去期待，所以「夢想」這個主題一再地被提出來。

另一個觀察是，除了作夢的權利，背後還應該要有想像力，雖然身處在台灣這個小島，但我們應該去想像超越這個島嶼以外的可能，具備這種視野、見識，包括創業和你對自己的人生未來規畫，也需要想像。

因此年輕人還是要盡量投資自己，利用現在的網路工具，多方面接觸，充實人文藝術素養；還有個很重要的是，年輕人要有夢想，要有作夢和說故事的能力，能夠用一部紀錄片，很完整地表達你的觀點，就是蔣顯斌所強調的。

志揚真心話

“當年和Ben經常隨手抓一個理由，在他家一起混到天亮。清晨時，會聽見、看見Ben與他的母親，在客廳隨著音樂，優雅跳著Tango。一早心就暖暖的。”

精采訪談連結

永遠在拍他的最後一部紀錄片——楊力州

集體記憶的長河，屬於我們的那時此刻

電影之於你我的生命，經常是一抹深留心底的痕跡，可能是一句台詞、一首歌，或一幕場景，讓你跟電影的故事產生了共鳴與連結。不同年代的電影，敘述那個年代人們生活的周遭，激起我們的感動，甚或得到心靈壓力的紓解與放下。 本篇照片提供／楊力州

二〇一六年三月，一部紀錄片《我們的那時此刻》（The Moment），剪輯台灣過去五十年經典電影片段，訪談多位知名導演、金馬影帝、影后及影迷，並加入曾經影響台灣社會的重大事件，成爲台灣第一部以電影爲媒介，陪大家回溯時代痕跡，講述五十年台灣故事的院線片。這部難得在商業院線上映的紀錄片，導演正是楊力州。

我是這麼想的：紀錄片經常能深刻表現出對人文及土地關懷，所以若想深入各種議題，不妨藉由紀錄片呈現。近幾年來，台灣出現多部膾炙人口的紀錄片，其中楊力州導演的作品不僅在商業電影院上映，還得到不錯的票房成績，而且題材多元，更讓我因此長時間關注他的每一部作品。

比如說《被遺忘的時光》講述的是失智症長者的故事；《青春啦啦隊》的主角們則是一群上了年紀，卻還保持年輕心靈的老人們；《拔一條河》則是記錄著多年前八八風災之後，高雄甲仙居

民與困境拔河的鬥志。後來，最被廣泛討論的，則是以台灣五十年電影史爲主軸的《我們的那時此刻》。

即使只影響一人，也要拍下去！

從小學美術的楊力州，很喜歡畫畫，國中時參加美術比賽就得獎，這也是他第一次上台領獎，當時給了他很大的鼓舞，原來功課不好的自己，未來的路不只一條，讓他以爲將來會走上美術之路。大學畢業、當兵退伍後，他回

Profile

楊力州

紀錄片工作者。輔仁大學應用美術系、台南藝術學院音像紀錄所畢業。曾任復興商工廣告設計科專任教師、中華民國紀錄片發展協會理事長等職。近年代表作品有《被遺忘的時光》、《青春啦啦隊》、《拔一條河》、《我們的那時此刻》等，並曾以《奇蹟的夏天》（與張榮吉導演合作）獲得第四十三屆金馬獎最佳紀錄片獎。

到母校復興商工教書第二年，突然想起自己的電影夢的他說：「有些事情是不等人的」，因此毅然決然離開教職，投考台南藝術學院（即現今的台南藝術大學）音像記錄研究所。

如願走進紀錄片領域，在楊力州的心中，紀錄片具有改變的力量，而且這股力量非常巨大。他曾經說，因爲拍攝紀錄片的過程很寂寞、沒有劇本，一拍可能就是兩年，又不一定能成功，這樣的掙扎讓他每拍一部紀錄片，都告訴自己：「這絕對是我的最後一部紀錄片了！」但當《被遺忘的時光》上映之後，有位男美髮師在楊力州的臉書上留言，在看電影的過程中，這位觀眾莫名地想起自己的母親，因爲長期跟母親關係不佳，連過年都不回家吃團圓飯；但他看完電影之後，不僅感動到哭癱在戲院裡，更決定打電話邀請媽媽吃飯。他在臉書上留言，只爲了謝謝楊力州導演提醒他及時重建親情。

正因爲一次次的觀眾回應，讓楊力州相信，就算他的電影只對一個人有影響，對那人的人生而言，影響也是極其巨大的。所以，就這麼拍下去吧！

走過金馬五十年，五個關鍵字

二〇一三年，時任文化部部長的龍應台，邀請楊力州爲金馬獎五十周年製作回顧影片，也催生了《我們的那時此刻》。一開始，楊力州就決定拍一部帶著觀眾透過電影，看到

電影中的台灣是怎麼長大的故事。因為過去五十年，台灣不論窮困或風雨飄搖，從來沒有倒下過；他相信這樣的電影可以帶來力量，可以很明確告訴民眾，未來五十年，我們一樣可以屹立不搖。

在這部片中，楊力州把金馬獎五十年的歷史，拆成五個十年，每個十年找到各自對應的關鍵字。第一個十年的關鍵字：「愛情」，那年代最著名是瓊瑤的愛情電影，也因此找到相信愛情的女工影迷。第二個十年的關鍵字是「愛國」，七〇年代的台灣，經歷退出聯合國、跟美國斷交等磨練，當時的愛國大片《英烈千秋》、《八百壯士》，讓許多中學生影迷，慷慨激昂地選擇報考軍校。

第三個十年關鍵在「愛鄉」，當時碰上美麗島事件、鄉土文學論戰，還有民歌運動，用自己的語言，唱自己的歌，本土意識抬頭，形成愛鄉的年代。當時如黃春明老師等台灣當代重要文學作家的作品被改編成電影，台灣新浪潮電影崛起，侯孝賢、楊德昌等導演備受重視。

整個九〇年代，也就是第四個十年，關鍵字是「愛錢」。那時經濟起飛，大家都身處股市、房市，簽六合彩、大家樂，走在路上會看到有人拜石頭、求明牌，台灣成了「貪婪之島」。片中引用電影《熱帶魚》代表這個年代，講個綁匪的故事，但最終綁匪是善良的；楊力州想要傳達的是，即使面對貪婪，善良最終還是會贏的。

第五個十年找到的關鍵字：「視野」，因爲加入WTO，台灣對外片門戶大開，造成國片幾乎跌到谷底，但包括李安、魏德聖、戴立忍等年輕導演，致力於讓電影走出去，迎向國際，如何開啓一個更巨大的視野，也是第五個十年在這部電影裡最重要的課題。

擺脫舊思考模式，向世界發聲

這幾年間，台灣曾經因爲WTO，進口完全撤守，也讓國片陷入困境。中國大陸、韓國、好萊塢、印度……等國家的電影產業已變成電影指標，台灣電影還有什麼機會，這也是電影人都在思考的問題。楊力州以自己爲例，談到二〇一四年日本NHK電視台邀請楊力州合作拍攝紀錄片的小故事。那時，他和製作人在剪接上發生歧見、爭執不下。製作人

告訴楊力州，他們特地從日本NHK來台，邀請他拍攝紀錄片，是因爲期待楊力州可以試著跟世界的觀衆說什麼，而不只是跟台灣的觀衆說什麼？

這段話如雷灌頂，讓楊力州突然想起自己學電影和從小接受教育的過程，從來沒有人告訴自己，應該跟世界的觀衆說什麼？因此，他覺得一個更巨大的視野會是不論教育、電影或任何行業，如何迎向國際的藍海策略；如何找到台灣的定位，在這之前，都應該進一步思考如何與世界的觀衆對話。

由楊力州的例子，確實可以深刻感受到，對於台灣電影的國際發展，語言不是問題，片子拍得夠好，具備國際觀、國際說服力，自然全世界都賣得出去，這也就是未來台灣電影要繼續屹立不搖五十年，最關鍵的因素。

志揚真心話

“纪錄片是有影響力的，
每部電影都是導演嘔心瀝血之作，
所以我一直很鼓勵周邊的人多看電影。”

精采訪談連結

年近半百的翻轉人生——王芝方

做自己想做的事，中年後跨界電影圈

每個人在成長過程中，總會有一些人在彼此的人生留下美好的情誼和深刻的影響，即使後來走上不同的道路，不常見面，時間依然抹煞不去年少時的燦爛回憶。我的人生裡也有這樣的好朋友——德風電影公司總經理王芝方。 本篇照片提供／王芝方

至今四十多年的生命中，從國小、國中同班，高中同校，我和王芝方就有四十年的交情。這些年來，雖然在不同行業努力，但還是保持很好的聯繫，不時分享著自己的人生中哪些人、哪些事影響我們。

他，三天三夜不回家

小方，是我對王芝方的暱稱。在我七歲那年，小學二年級時認識小方。印象中他溫文儒雅，有人文素養，個子特別高，頭型、臉型也特別長；在班上生日最早，所以學號排序一號。當年我們兩人常玩在一起，國中是鼓號樂隊，高中是橄欖球和童軍團，也一起露營。

小方印象中的我，則是充滿正義形象，他曾形容我彷若生來註定當班長，從小學、國中都是。有著使命感與責任感，完美扮演著班長的角色，如果有同學不聽從指揮或不服從班上的紀律，就會惹惱我。我這下終於明白，原來我很擔心辜負選民期待的心情，是從小就養

成的負責任態度。

他，對凡事充滿興趣

國中畢業之後，我們一起考進建中，當時兩人都覺得讀建中就是要念自然組。但當小方大學聯考成績不理想，決定重考時，他對英文、國文非常有興趣，加上老師的建議等原因促成下，決定不再與物理糾纏，轉往社會組。那年政大剛創立廣電系，小方考上後成爲首屆學生；而我雖然當屆考上人人稱羨的前七志願之一——台大機械系，卻因爲對後續發展一無所知，決定多花一年時間轉系，改念法律。

後來我們分別走上不同的領域，我從法律界、政界走到棒球界，還擔任廣

Profile

王芝方

德風電影公司總經理，曾擔任電影《痞子遇到愛》統籌，《獨一無二》監製，《再見，在也不見》台灣地區製片。

播節目主持人；小方跨足多個領域，做過媒體業、電子商務，現在則是位電影人。但在這些過程當中，他也曾有過疑惑。小方從小就對很多新事物都充滿好奇及濃厚興趣，換工作的頻率比同學們高。有位小學同學就很認眞勸他：「你的腦袋好、又聰明，如果肯聚焦好好做一樣工作，一定可以做到非常棒！」

這句話讓他非常苦惱，思考自己到底是不是要好好堅守一份工作。直到他三十歲那年，遇到一位貴人，告訴他世界上需要不同的人才，有些人擅於跨領域，稱爲經理人（manager），要懂得很多事情，重點是會解決問題；有些人只會一樣東西，但他很厲害，能做到九十九分、一百分，這種人叫doctor。貴人告訴他：「好好做你的manager，當你對新的事情不再感到興趣時，才是你該憂慮的時候」，從此以後他心中海闊天空。

他，年過半百竟成電影新鮮人

二〇一二年，過去做了很多工作，也有不錯的成績的小方遭逢母喪，暫時放下工作，思考未來。「是不是可以做些更有意義的事？」憑著這樣的念頭，轉而投入電影圈，以菜鳥之姿，與電影人前輩學習、合作。

我們都有蠻多不同的歷程，小方在他的人生過程中嘗試了各種行業，現在他同我一樣年近半百，突然想做一件自己眞正想做的事情，以我從小對他的印象，他富含人文素養、對人非常體貼、對人性也有深刻的觀察；在我的認知裡，電影作品就需要深刻、感動人心，以他曾經累績的豐富經歷，遇見過包括我的許多好人，對電影工作一定會有幫助，他轉往電影之路眞是再適合不過。

小方與導演老師楊順清在關渡北藝大編劇課堂相識，他們有著共同電影夢，兩人與編劇班的學員林彥銘合組了「德風電影公司」。對他來說，電影迷人又複雜，充滿許多讓人感到新奇的事物等待被發掘。外人不太了解電影這個行業，始終停留在過去或錯誤的印象，覺得不是很規矩，此外，大衆也認爲品味與市場是對立面，這些都是長期以來，慢慢扭曲而成的。

事實上，國外有些好看又有品味的電影也賣得不錯，或許不像最大型的純商業片賣得這麼好，但也可以有不錯的收入。所以品味與市場並非站在對立面，只是要做到這一點，是個辛苦的過程。儘管如此，小方和他的團隊還是全力以赴。

電影首作：探討社會困境

第一部完成的作品《獨一無二》在二〇一六年三月上映，敘述年輕人到社會上，無論愛情、事業、工作……，都想要成功。到底要先做好人還是壞人？要先作好事還是壞事？每個人都有很多條路，有些是眞心，有些是不得已的選擇。電影中也呈現年輕人遭遇的困境，比如薪水就是這麼低，再怎麼努力，也沒辦法在台北市買房子等社會議題的討論。

電影之外，德風電影公司也拍紀錄片，紀錄片也是個新興市場，強調人文關懷，目前台灣的紀錄片更被認爲比劇情片好看。德風電影也多次獲得各級政府單位的電影相關補助，增加了他們的拍攝動能。未來，小方也希望我能有機會以公職的身分，協助電影產業，從文化的領域加強，讓台灣的電影產業更蓬勃發展、茁壯。

志揚真心話

“小方来上節目的時候，我懷著忐忑的心，他太了解我，不知道會不會破壞我的形象，因為講出来可信度很高。”

精采訪談連結

用鏡頭，說台灣的故事——史祖德

眞心交朋友，捕捉最眞實動人的故事

隨著拍攝工具取得容易，這幾年來，紀錄片像是潮流般風行台灣，不再侷限於專業人士才能拍攝。地方政府、學校的積極推廣，向下扎根，讓國中小學生都學會拍攝技巧，以影像記錄理解事情的能力，絲毫不比成年人遜色。本篇照片提供／史祖德

國內紀錄片創作者史祖德領導的團隊，因擅長挖掘本土故事，更會運用國際間敘事的方式，讓全世界的人看到台灣，成爲台灣唯一年年出線、連續十年獲得美國國家地理頻道紀錄片拍攝合約的團隊。透過他們的鏡頭，也讓台灣登上國際知名影視頻道，讓外國人認識台灣。

在我擔任桃園縣長任內，曾以「桃園航空城」爲主題舉辦紀錄片徵件活動，當時參賽者年齡層從十六歲橫跨到六十六歲；其中不但有高中生、博士生與大學系主任投件，甚至連三立知名電視主播陳雅琳也來共襄盛舉。多元的題材刻劃了航空城最眞實的故事，每一幕都教人省思。從那時候起，我也開始對觀賞紀錄片產生興趣。

而這個徵件計畫主持人史祖德，爲了把台灣介紹給全世界，已經拍攝了《台北聽障奧運》、《華語樂之路》等以台灣爲題的紀錄片，品質無庸置疑獲得世界肯定，更因此成了許多紀錄片創

作者想要學習的對象。

一拍就上癮，創下收視紀錄

未踏入紀錄片創作領域之前，史祖德曾經擔任台灣八〇至九〇年代最夯綜藝節目《連環泡》、《歡樂週末派》的執行製作，也曾擔任配音員，會走上紀錄片之路，純粹是因爲他開設公司接獲案件的需求開始。那時的史祖德，離開十多年的電視節目製作工作，開設公司，任何案子都接。大約是二〇〇四年時，當時的行政院新聞局跟國家地理頻道合作，希望把台灣的故事拍成紀錄片帶到全世界；史祖德與所組團隊參與提

Profile

史祖德

紀錄片工作者，自二〇〇四年投入紀錄片領域，至今為國際性頻道製作過十九部全球播映紀錄片，已製作《靈域對話》、《嘻哈台灣》、《時代廢城》、《麥田裡的海員》等多部作品。

中廣新聞網 AM648
洋揚

案，獲得機會後就開始進行拍攝紀錄片工作。

之前，他製作綜藝節目，出一般外景一天，大概能拍攝到二至三集節目量，當成ＶＣＲ播映；但接觸紀錄片後，他發現花了兩、三百個小時拍的量，只能做成一小時的紀錄片節目。但後者的品質和質感卻是前者無法相較的，癮頭一被勾起，就想繼續做下去。

史祖德和團隊拍攝的第一部紀錄片是國家地理頻道「綻放眞台灣」系列，片名是《靈域對話》，探討台灣人面對死亡的態度。其中一位主角，小孩年幼，先生沒有留下任何話便突然過世，她想知道老公過得怎麼樣，有沒有話想跟她說。另一個故事主角，那時才三十四歲，罹患癌症，史祖德在安寧病房找到他，從他還能講話一直記錄到百日，全程記錄下來。在影片中可以看到主角罹病之前拚命工作，但在病房裡卻對著團隊說，如果生命可以再來一次，他不會如此重視工作，會把時間多留給生命、家人，做更有意義的事情。

這個故事讓觀衆知道，人在生命的最後，眞正面對死亡時，在意什麼事情？團隊在拍攝過程中更體會到生命如此脆弱，應該把握時間，對身邊的人做些事情。影片播映後在國內外獲得很多獎項，不僅成爲校園生命課程必看影片，更創下當時國家地理頻道有史以來最高收視率的紀錄。

只用一分半，述說精彩故事

第一部紀錄片成功之後，史祖德仍然不停帶領團隊，不管有人離開，或有新人加入，他讓所有的人了解國際間說故事的方法，學習怎麼樣能讓更多人聽到台灣的故事，這樣的能力成爲史祖德團隊的優勢，更讓國家地理頻道放心委任他們長時間執行

製作台灣議題紀錄片。

史祖德能夠獲得國家地理頻道的信任，他認爲：「做久了就知道人家要什麼？」很多導演手上都有很好的故事，但無法轉換國際語言，是台灣導演遇到最大的瓶頸，又如台灣拍片或電影，慣於藉由鋪陳讓觀眾慢慢看到結局；但國外的紀錄片，卻是開頭立即破題，用一分半鐘就把整集故事講完，台灣導演不願意也不習慣，也是國際化會碰到的問題。

此外，有意進軍國際的紀錄片導演，一些思路必須從國際觀眾的角度去思考。比如史祖德介紹台灣時，會以地圖、動畫方式標記台灣的地理位置。甚至於每進一段廣告回來，都再講一次，讓不知道台灣地理位置的國際觀眾也能了解。

自由度最高，創作能量充足

提到台灣紀錄片的發展，史祖德認爲台灣有個很大的特色：是全世界少數罵元首不會有事的地方；因自由度寬廣，紀錄片工作者及人民的思維多元化，特別是對社會的檢視、自我批判強烈，能量也非常充足。可以讓大家很清楚且全面性，沒有設限地看到各種社會面貌及國家特色，或這個民族的文化精神，這對於紀錄片導演或創作者來說，是非常重要的養分，也是現階段台灣最大的優勢。

史祖德也就他的經驗提醒台灣紀錄片創作者如何有機會接觸國際市場，除了台灣政府標案，CCDF華人紀錄片提案大會網站上不定期揭示各種紀錄片資訊；紀錄片工會網站也會不定期提供徵件、競賽，多參加、搜尋，就會有人主動提供資訊。此外新北市政府及桃園市政府也定期推出紀錄片徵件，史祖德都參與規畫。尤其新北市紀錄片徵件不設限，參賽者不須設籍新北市、題材也不限於新北市，唯一的限制是必須要是中華民國國籍，自由度最高，獲選者還可享有

獎金和版權。

而目前國內多個紀錄片徵件活動，最重視提案的idea，經由審查後，會有老師協助修正，同時把作品產出。史祖德說這群監製們，主要工作是爲了幫忙紀錄片創作者有更多角度來審視自己的作品。

對有意入門紀錄片創作的人來說，史祖德的建議是，從自己周邊故事去找題材，記住一件事情，眞心去交朋友。他常常告訴後輩學生一段話：「你願意讓眞心打開多少，人家會加倍給你；如果你把它封閉起來，人家就會關得更緊。」只有眞心交朋友，才能找到眞實故事，拍出最好看的東西。記得這段話，也就可以開始紀錄片創作之路了。

志揚真心話

“只要有心想要記錄下來，
人人都可以是紀錄片導演，
記錄生活中美好的小事。”

精采訪談連結

繪畫，讓她看到不一樣的人生風景——張淑娟

揮別人生磨難，用畫活出自我

從華航空服員意外成為中國小姐，曾是私立中學心理輔導老師、也擔任過高爾夫球節目主播和美食節目主持人，同時，她也是位成功的畫家。張淑娟的職業生涯非常豐富，但無論角色如何變換，她最堅持的，是對畫畫始終如一的熱情與熱愛。本篇照片提供／張淑娟

透過繪畫，減緩了因身體疾病帶來的痛苦；藉由畫筆，把光亮引進自己的生命裡。更因爲十五年的學畫生涯裡不停畫畫，讓張淑娟找回原本的自己。二〇一五年四月，我在中壢的一處百年老宅裡，參觀張淑娟的「美學散散步・張淑娟的四個房間創作個展」。對「繪畫」一竅不通的我，看不懂抽象畫，但是張淑娟從生活出發，寫實描繪的畫作，卻觸動了我，爲之感動。

第一個房間擺放的畫作，以古典美好的水果爲題；第二個房間陳列了紙本的膠彩畫，以金箔、銀箔妝點，展現她從美學生活獲得的感動；第三個房間的媒材是如同透明、薄如雪紡紗的絹布，張淑娟以毛筆、胡粉畫出白孔雀或者小女孩的白色之美；第四個房間的主角是不同姿態的金魚。金魚就像是自由的靈魂，從不受人控制，愛去哪裡就去哪裡，用壓克力把牠裱裝起來，讓整個房間像是水族館一樣清澈。四個房間各自精采，顯現的就是張淑娟生活中最美

好、單純的事物。

以同理心，用愛療癒他人

在眷村長大的張淑娟，家中有五個孩子，在家庭經濟條件不佳的環境中，慢慢長大。但就在初中、高中時期，意外罹患了僵直性脊椎炎，關節會莫名疼痛，彎腰、起床、站立都有困難。到醫院檢查，醫生拿槌子敲膝蓋，痛到立刻彈起來，但卻診斷不出是什麼病症，無藥可醫。

家裡經濟不好，沒有足夠金錢讓張淑娟接受治療。有回在實踐家專上課期

Profile

張淑娟

藝術家。曾在一九八八年被選為中國小姐第一名，並曾任職華航空服員、心理輔導老師、高爾夫球節目主播、美食節目主持人等，現為台塑生醫企劃處處長。

間發病，脊椎炎發作，張媽媽借了兩個拐杖給她作爲走路的支撐；那時教室在三樓，拄著拐杖的腋下痛到幾乎撐不住，沒辦法走到教室。還有一次嚴重發病是在航空公司擔任空服員時，當時正在飛行執勤，脖子突然沒辦法轉，客人拿著登機證請她指引，她卻沒辦法轉過頭回答。

因爲這樣，張淑娟常常擔心自己明天起不了床，讓她很珍惜生命。只要不發病，張淑娟就在太陽下練球，不管是排球、籃球、網球，有時間就練習，讓身體出汗，不倚賴藥物。得到無藥可醫的病症，讓張淑娟體會到健康最值錢。只是她永遠不知道是明天先來，還是無常先來。也因爲如此，她很早就確立自己的價值觀。有次在飛行途中，看到《人間雜誌》，裡面有篇報導說十歲以上的小朋友罹患這個病症，若不開刀會沒辦法呼吸、走樓梯很疼痛。從小飽受病魔折磨的張淑娟感同身受，所以她報名參與中國小姐選拔，就是爲了幫助和自己有同樣病症的小孩們募款。

投入繪畫，走出人生瓶頸

克服身體病痛後，爲了弱勢團體募款，張淑娟參加選美比賽，在一九八八年四月拿到中國小姐第一名，同年十月也得到國際小姐第二名和最佳人緣獎。賽後，履行完責任與義務，張淑娟回歸華航空服員崗位，繼續工作。

很多人問她，選美之後，爲什麼突然消失了？張淑娟覺得選美只是一個活動，那一晚當選，並未讓自己變得更偉大或非常重要。她把這個活動當成一座山，下山後，還會有更多很棒的山等待她去攀爬。也許正要去喜馬拉雅山，沒有人提供直升機給你，只有靠自己，帶了裝備，買好機票，抵達那裡的過程，才是自己的人生。張淑娟覺得，在生命的過程，有名有利的人，更容易迷路；能避免迷路的最佳方法，就是堅持做自己，雖然辛苦，卻能擁有一點小小的尊嚴和驕傲。

後來，二〇〇〇年，張淑娟遇到人生的瓶頸，工作、事業、感情都不順利。當時她爲了讓家人安居，背了三個房屋貸款，同時做三個工作，三份兼差，認眞賺錢，給自己很大壓力。在這樣的人生谷底，彷彿碰到人生的黑潮，像大海嘯般想把她呑噬掉。被打入沒有光的地窖裡，要如何靠自己把光引進來？張淑娟決定主動去敲門。她曾經採訪過很多藝術家，便找上門去拜師學畫。

打開眼睛，畫下生活感動

學畫第一週，畫了白色百合花，背景是黑色；再畫粉紅色百合花，背景還是黑色，什麼都是黑色。對著傷口，不斷練習，在繪畫過程中發現，生命可以這麼長、這麼豐富，接觸到這麼棒的人，就是自己的收

穫。畫畫之於張淑娟，也像是心靈的瑜珈，安靜靜坐，不管坐三十分鐘、三小時或是十小時，只有你和你自己。半年之後，畫中景物變成黃色的檸檬、黃色的背景，老師納悶的問起怎會畫出如此明亮的顏色，原來藉由畫，張淑娟自我療癒成功，也找回自己，發現畫畫的樂趣。

張淑娟不會畫山水，卻擅長畫出生活中的小小感動。因爲白天要上班，上班族時間有限，眼睛有限，光有限，因此眼中對什麼有印象，就把它畫下來。找到美好的當下，只是武俠小說中的蹲馬步，也就是基本功；但要把工夫練到扎實，才能夠眼到、手到、心到、意到，才能表達你要的東西。

先前畫展展名中「散散步」三個字，代表就是出去走走，看看你周圍，誰陪你去看？多擁抱他一下；回家多跟家人微笑，那就是最美的畫。和幸福一樣，就是要你打開眼睛，珍

惜身邊的人。在畫展中，張淑娟不僅展畫，也安排教學，讓參觀民衆都有機會跟著她學速寫畫，有一位學生在學過幾次速寫後，連自己也不相信能在這麼快的狀況下，畫一個粽子送給張淑娟，這就是她想透過繪畫所做的分享。

對藝術家來說，最開心就是創作的過程，畫不出來很痛苦，畫得出來很開心，這就是自己與自己的對話。張淑娟認爲人的生命，不管是張三、李四，總統或小兵，都應該找到自我。而且人生短暫，不要怠慢自己的人生，要懂得學會謝謝每一個挫折。瀑布或溪水，如果沒有石頭都是死水，所以擋住妳的東西，說不定都是好事情，有了這些，人才不會停止進步。

志揚真心話

我想，當你願意為別人著想，
就會變得很勇敢，像張淑娟一樣。

精采訪談連結

■引發學習動機，上課更好玩！——葉丙成

以線上遊戲當教具，讓學生主動愛上學習

■熱血教師變導演，用影像說故事——何婷婷、王教哲

善用鏡頭的力量，帶學生紀錄真實人生

■以減法為概念，百年風華再現——范姜群季

紅樓古厝變臉，文創能量灌注新生命

■老屋新生，再現風華——古正君、吳麗珠

大溪尋古訪幽人文味，雙姝推手老屋展新象

CHAPTER 4
文化扎根，翻轉人生

還有什麼，

比守護家族傳統與孩子的未來更重要的呢？

引發學習動機，上課更好玩！——葉丙成

以線上遊戲當教具，讓學生主動愛上學習

翻轉教育很重要的推手——台灣大學電機系教授葉丙成，他率領的團隊在全世界都很有名，大家都爭相邀請他演講，分享如何把學習變成好玩的遊戲？怎麼讓所有的年輕人真正產生學習的動機？本篇照片提供／葉丙成

同時在三所大學授課，又在一所學校念博士的我，戲稱自己是「備課漢」——準備上課的漢子。授課時，最怕發現學生打瞌睡、翹課，眞的會很傷心；當學生時，也很怕老師講得無聊讓我們想打瞌睡。因此我也一直關注著台灣教育發展，觀察教育方式的改變。爲了推廣翻轉教育，在全台灣做過兩、三百場演講，提倡創新教育方式的葉丙成教授，就是我非常關注的對象。

長相性格，外表形似藝術學科老師的葉丙成教授，主要研究領域是分子通訊、無線通訊、無線網路和線上教學系統設計，但是近年來著力相當深的卻是「教育」。

教授台上講，學生台下睡？

學電機的葉丙成，爲何對教育如此有感、著迷？他告訴我，把一件事情講得讓別人聽得懂、覺得有收穫，讓他覺得非常有成就感。

葉丙成在美國念博士擔任助教時，

就花很多心力做這份工作，還因此獲得系、院、校傑出助教獎。回台大任教之後，二〇一〇年更獲頒教學傑出獎，這個獎是頒發給每年教書表現很好的前一百名老師。

拿到這個獎時他突生錯覺，覺得自己教書的功力好像已經達到武俠小說所說「已臻化境」，很厲害、很完美了。頒獎典禮後兩天，他在課堂上依舊使出渾身解數，講得很清楚、很有趣，忽然瞥見教室角落有三、四位同學在「度

Profile

葉丙成

美國密西根大學電機博士，現為台灣大學電機系教授、台大MOOC計畫執行長，領導開發PaGamO線上遊戲，並曾帶領PaGamO團隊擊敗四百多個世界名校團隊，贏得全球第一屆教學創新大獎「Reimagine Education」冠軍。

姑」（台語：打瞌睡），讓他非常錯愕。那天晚上葉丙成無法成眠，一直以爲自己教書很清楚、有趣，怎會有學生打瞌睡。他自省哪裡做得不夠好，翻滾到半夜終於找到答案：「一個人如果沒有動機，你對他講得再清楚、再有趣，一點用都沒有。」

換一批學生，換一種教法

「上課中學生打瞌睡」這件事情讓葉丙成有了新體認，教書要往更高層次追求，不只是教得清楚、有趣，而是讓學生有動機學習，才是最重要的。從那時候開始，葉丙成特別花工夫思考，如何讓學生更有動機去學習。

「如果找到一個完美的教法，自覺只要這麼教，學生一定學得很好。這輩子重複同樣的作法，對我來說，教書這件工作就死掉了。」葉丙成如是說。他認爲，很多老師都沒有察覺到這個情況。受到網路影響，資訊新陳代謝的速度太快，學生生活的環境不一樣，在學校可強烈感受到，大概每隔四、五年，學生就換一個世代，卻也像是換了一批腦袋一樣，用同樣方式教學，得不到太多共鳴，世代不同，感受也不同。因此葉丙成建議，老師必須體察到學生的改變，教學也要與時俱進。太執著同一種教學方法，反而會是危險的狀況。

如果不能了解學生，就很難跟他們對話。如果無法對話，怎會有辦法啓發他？年輕人使用的方式、東西、網站，如果老師都不用，自然而然與學生產生代溝。

雖說即便有代溝，葉丙成認爲只要老師有很大的誠意，付出額外的努力，還是可以感動學生，但會很辛苦。因此他建議老師們，不妨和他一樣記住：學生一直在變，老師也必須跟著時代進階。並非每年都要更換全新教法，但每年需做微調，自然會與學生同步。

提問式教學，觀念大顛覆

大多數的人都推崇葉丙成爲台灣翻轉教育的重要推手，國內也有人認爲台灣的翻轉教育是抄襲自美國。葉丙成澄清，其實台灣很早就使用翻轉教學，他第一次碰到翻轉教學是二十多年前，他就讀建國中學一年級的時候。

當時的數學老師邱顯義，是非常難得與大學教授一起擔任數學課本編輯委員的高中老師，大家都很期待，好不容易等到老師來上課，一進門就告訴大家他的課是不講課的。每週會規定課本閱讀進度及章節，上課只能學生發問，他回答。同學們都以爲老師開玩笑，沒人當眞。

隔天上課，老師進教室就問大家有沒有問題，沒有人當眞，便沒人發問。邱老師站在講台上和大家對看，整節課不發一語到下課鐘響。直至第三次上課，還是無人準備問題。邱老師看到這樣的狀況，改變方法，

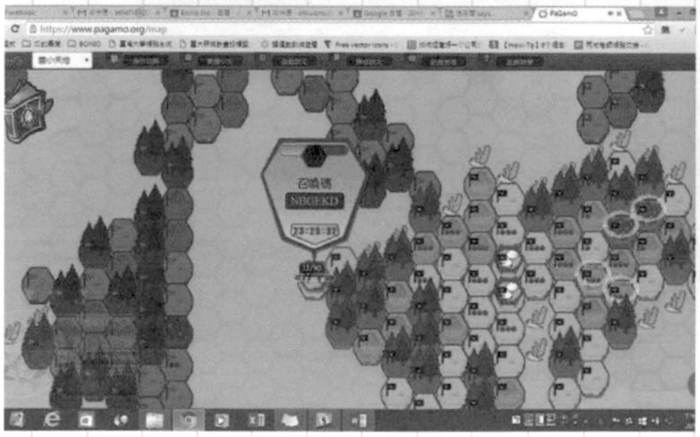

換老師點名提問，回答不出來就罰站。下課前，全班三分之二的同學都站著，這才知道老師是當眞的；下課回家，葉丙成就開始找一堆問題。

雖然家長們責罵：哪有老師上課不講課，但事實證明，班上成績一點也不比別班差，更是全年級前幾名。這位老師很有guts，就算家長們砲聲隆隆，他還是按照自己的方法教課，一直教到葉丙成高二那年退休。

名校也風靡，邊玩邊學習

事實上，葉丙成本身也是位令人難忘的老師。他運用online games（線上遊戲）的概念，開發出刺激大家學習而寓教於樂的「PaGamO」線上遊戲；創新的教育方法，成功挑動學生的學習神經。

印象中大家會覺得成天玩game的學生荒廢學業，但葉丙成卻反其道而行，發展出PaGamO（台語：打game學）線上遊戲。二〇一〇年之後，葉丙成就不斷思考該如何讓學生更有動機去學習，那時他發現很多電視廣告都跟online games有關，反映出市場，年輕族群也有興趣。他開始思考，是否有可能把線上遊戲與教學結合，將學習阻力轉變成助力。

從這裡開始發想，一路走來，花了五年時間不斷修改，最後做出「PaGamO」線上遊戲。推出後在全世界有很多用戶，例如全世界最知名牙醫學院之一「美國長春藤聯盟賓州大學牙醫學院」，二〇一五年開始採用這套系統，學生覺得這樣上課效果很好。學校見此成效，立刻與團隊簽了三年合約，並結合更多課程。在國內也有十萬人以上的中小學生使用，就連「國泰金控」的企業訓練也採用這套系統。

葉丙成與團隊發展這套遊戲，著重的是啟動學生自發性，檢測出自己的學習問題之後，進行複習或補救；自主學習、掌控進度，是團隊想

推動的重點。學生們透過有興趣的遊戲，讓讀書變得更主動。在遊戲中不僅可以選擇自己要複習的章節，系統也會出問題讓學生做，並幫忙診斷有問題的部分，學生可以以此爲根據，多做練習。每個人依照不同性向，在這裡得到成就感，也是這套遊戲的主要發想。

大學生簡報，小學生評分

除了激發學生學習的動力，葉丙成也發現許多人簡報能力不佳，主因是不習慣面對陌生的聽眾。他給了學生期末專題報告題目，台上由大學生做簡報，台下請小學生幫忙打分數，講完當場讓小朋友投票，就結果換算成期末成績。學生說這樣很殘酷，葉丙成回答：「但人生就是那麼殘酷呀！世界上最難做的簡報就是面對一群很有權力，但程度很差的人，我現在能幫你做的就是找到知識程度跟你有落差的人。」

以後的世界變化太快，如果只是把學生關在教室裡面，他們只能面對自己的老師或同學，沒有辦法成長。傳統教學都是準備好才上戰場，葉丙成認爲直接把學生推上戰場，讓他們了解自己的欠缺，回來就會好好學習，「直接面對世界」，是他非常重要的教學理念。

在大學任教十年來的經驗，也讓葉丙成領悟到，學生的思維可能是從中小學一路養成，光是在大學努力是不夠的，因此他對中小學老師做了近三百場談翻轉教育及各種教學方法的演講，期望與這些老師一起努力改變孩子的思維。在推動翻轉教育的過程中，葉丙成認爲還有努力的空間。他也告訴年輕人不要懼怕，失敗，也是年輕人的本錢。同樣爲人師表的我，也希望葉教授可以繼續引領台灣教育的蓬勃發展，讓台灣人的思考力、創造力徹底解放。

志揚真心話

“網路改變快速，現在「臉書」當紅，將來可能又出現超越臉書的東西，整個思維又會完全不同，新的世代就是在不斷變化的環境中長大。”

精采訪談連結

熱血教師變導演，用影像說故事——何婷婷、王教哲

善用鏡頭的力量，帶學生紀錄眞實人生

紀錄片教導觀看者以不同的角度看事情，身為老師的何婷婷，一直藉著紀錄片教學引起孩子的共鳴；進而從觀看者變成掌鏡者，透過影像說故事，更讓學生也參與並感受紀錄片的魅力。 本篇照片提供／何婷婷、王教哲

彰化大同國中兩位負責健康教育的老師——何婷婷、王教哲，從尋找紀錄片作爲教學素材，接著從興趣變成專業，用影像記錄觀點，還參加各種紀錄片比賽，獲獎無數；甚至於創立社團，培養學生記錄影像，也讓學生藉由拍攝影片學習思考、表達觀點，讓紀錄片也成了另類的教育媒材。

和我一樣非常喜歡觀賞紀錄片的何婷婷老師，據說從小到大都很嚮往拍紀錄片。何婷婷主教健康教育，需要透過很多例子讓學生學習健康的態度，甚至於因此找到眞實案例，她認爲照本宣科的素材不會得到學生的共鳴，比如說受到運動相關紀錄片鼓舞，就能讓學生知道運動的重要。因此她非常喜歡將紀錄片當作教材，尤其和一般電影相比，紀錄片是眞實的人物，打動人心的程度更強烈。

何婷婷一星期有二十一個班級的課，用紀錄片教學的時候，她可能要重複看那部影片二十一次，卻還是甘之如

飴，不但不會感到厭煩，反而在每次觀片當中，觀察導演如何安排這個故事，思考爲什麼可以把這個人講得這麼生動？甚至於慢慢揣摩運鏡技巧。每一次的紀錄片教學，都會引起她對影片故事的興趣，也想自己拍拍看，就決定拿起攝影機拍攝教材。

老公變身製片，背後默默支持

何婷婷走向紀錄片拍攝的路途上，她的另一半，也是同校教師的王教哲，是最大的支持力量。何婷婷是導演，王教哲成了製片，攬下所有雜事，採購拍

Profile

何婷婷

任教於彰化大同國中，多部紀錄片作品曾經獲獎，代表作品有《追夢女孩》、《十五歲的逆風旅行》、《牛轉番仔挖》等。

王教哲

任教於彰化大同國中，與何婷婷一同指導校內電影創作社，帶領學生拍攝紀錄片。

片設備、當司機接送學生等，不論是器材、交通、食宿，導演有任何需求，王教哲都要協助完成準備。因爲何婷婷對紀錄片有濃厚的興趣，也做出一些成績，王教哲認爲太太這麼堅持，作爲丈夫一定要在背後支持，便跟著一腳踏入紀錄片領域，漸漸地他發現紀錄片其實是一門很深奧的說故事藝術。

由於紀錄片本身具備許多教育大衆的功能，以教師身分拍攝紀錄片，讓何婷婷覺得對影像創作上幫助很大。「老師」這個角色在某些事情上是很棒的推力，比如有位導演曾經讚許她，把影片細節處理得很清楚，這可能就是老師的特色，希望觀衆懂這個議題，所以在拍攝過程中，會更清楚強調人的個性、過程和背景。

何婷婷在學校裡拍攝了第一部紀錄片《追夢女孩》，記錄一群非常喜歡跳舞的女孩。大同國中沒有舞蹈班，何婷婷雖然認識這群孩子，但從

來不知道她們內心的想法，或者面對課業及興趣時要如何抉擇？於是她毅然決然帶著攝影機，去了解她們到底遇到什麼樣的狀況。拍攝過程中，讓她感到開心的是，孩子們願意分享很多不爲人知的辛苦，包括無法獲得家長支持的情況。

學生成為導演，觀點大不相同

經歷了拍攝過程，何婷婷發現原來透過鏡頭可以看到這麼多眞實的一面。這部影片正式放映之後，除了感動女孩們的家長、老師，也讓學生們看到其實一位運動選手背後，需要面對許多的抉擇，同時也觸動何婷婷引領學生參與拍攝的想法。她先讓學生們從側拍或場記做起，發現剛開始懷疑學生的能力是多慮了，其實國中生也能做得不錯。

她逐漸讓學生自己想議題、當導演。先有初步提案，討論故事發展方向之後，就把攝影機交給他們，帶他們到拍攝地點、做些訓練後開拍。從這些過程裡，何婷婷發現國中生是有能力完成一部紀錄片的，也許攝影技術不是那麼純熟，但他們有自己的觀點和語言，有足夠能力去發現議題，進而參與、甚至改變某些人對事情的看法。

二〇一二年何婷婷創立了大同國中的「電影創作社」，除了拍攝基本的劇情片、短片，再來就是以紀錄片爲主，至今已經帶領近百位學生運用影像說故事。學生從過程中得到成就感，有很多畢業的學生立志想要念影像相關科系，這也讓兩位老師感到非常安慰。

記錄足球故事，探討家鄉問題

這麼多年來，何婷婷與王教哲帶著孩子拍攝了多部動人的紀錄片，在《追夢女孩》之後，另一部《足夢邊境》，拍攝地點位在彰化大城頂庄村裡的頂庄國小，內容講述當地的足球故事。

頂庄國小有位熱血教師——吳哲銘，雖然不是體育老師，但以前曾踢過足球，彰化縣推動「樂樂足球」時，校方情商他帶著學生練習足球。吳哲銘不但很認眞，也帶學生參加了比賽；但是這所學校太偏僻，樂樂足球組隊有最低人數規定，在少子化的狀況下，組不成隊，沒有辦法踢球。

但因爲孩子們練就了很好的足球底子，也拿過兩個年級的全彰化冠軍，若沒有辦法再參賽，孩子們無所事事，他擔心學生容易學壞。吳哲銘透過網路搜尋，找到了在台灣沒有比賽的花式足球，他在網路上集結一些花式足球玩家，支付基本的車馬費，邀請玩家到頂庄國小教學。本來的用意是要教學生踢球，但吳哲銘比學生更認眞學習，這樣的態度也感染了孩子們，跟著老師認眞地學。吳哲銘認眞推動花式足球，假日也陪孩子們練習，著實令人感動。

何婷婷帶著學生拍這部片子，還依觀點的不同，將紀錄片分爲學生版和教師版。學生版本裡，看到的是小朋友在缺乏爸媽關心的情況下，認識一位老師；而這位老師對孩子視如己出。學生們拍攝時會覺得這群師生有些互補，塡滿了自己心裡空缺的部分，甚至於在一個沒有夢想的地方，努力長出一個夢想的可能性。從學生的觀點，馬上能感受到頂庄國小孩子們的孤單、被老師及足球安慰的心情，後來，這個版本的紀錄片參加台灣國際兒童影展，得到了兒童評審獎。接下來，老師們發現頂庄國小這個地方可以探討的議題非常多，第一是空汙，頂庄國小開始面臨廢校的問題，這些也都是需要以老師的觀點，將它補充、完整地把故事說完。

影響層面擴大，看見影像力量

在這段期間，發生了一段小插曲。拍攝紀錄片的特點就是：你不知

道接下來會發生什麼事情。學生版本的《足夢邊境》送交參展後，一位彰化女中高三的學生，也是頂庄國小的校友，她小時候也踢足球，也是吳哲銘老師帶著她路跑，看了紀錄片之後，感動得從頭哭到尾。這位女學生的第一志願就是台藝大電影系，希望未來能夠學會拍片，再回來爲家鄉做些事情。

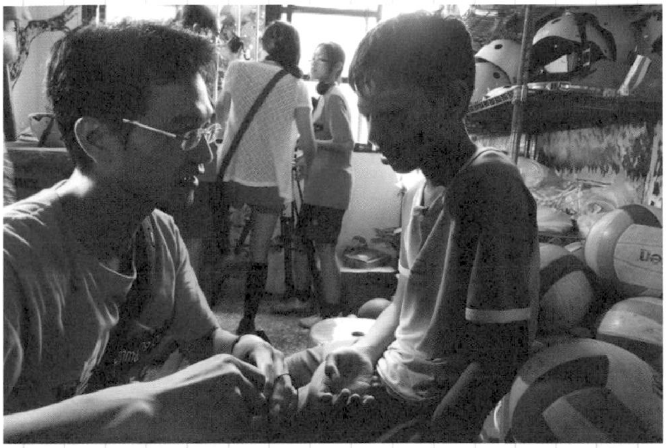

何婷婷期盼以這位女學生的觀點，再去審視這個地方，表面上對於這樣一個偏鄉來說，一所學校的存廢好像沒有什麼差別，但對於這所學校的畢業生而言，是多麼珍貴的回憶。如果沒有這所小學，孩子們上學可能要花一個小時的時間到其他學校就讀，對當地不利的因素更大。何婷婷原本想以老師角度來表現，後來她想或許能換成另一個角度，把廢校、足球、空屋與夢想連在一起。

拍紀錄片，可以看出這麼多面向，小朋友的觀點，環境的觀點，老師的觀點都不一樣，這就是紀錄片迷人的地方。

志揚真心話

“老師擁有對學生的敏銳度和關心的天職，他們的教學與紀錄片能夠相互結合幫助，感覺老師滿適合拍紀錄片的。”

精采訪談連結

以減法爲概念，百年風華再現——范姜群季

紅樓古厝變臉，文創能量灌注新生命

百年後的現在，我在中壢新屋交流道附近找到了祕密基地，一九一〇年建造的劉家古厝「燃藜第紅樓」，現在的名字是「House+Café」。在這棟特別的多立柱式巴洛克建築裡，品嘗南法料理，彷若走入穿越劇的場景，回到三、四〇年代。本篇照片提供／范姜群季

餐廳的主人范姜群季，以文創能量灌注舊建築，讓紅樓成爲當代藝術展覽空間，一旁搭起的玻璃屋，才是Café所在。這一新一舊的建築，就是House+Café的組合，展現出與往昔截然不同的嶄新生命力。

范姜群季是紅樓屋主的好友，接下這房子時，他從菜肴開始，每個細節都經過思考、設計。把房子當成主角，他思考如何以文創的方式讓老房融入環境和餐廳的和諧裡？於是用「減法」做出南法的鄉村菜，讓菜肴更生活化、更親切，讓人們因爲這小小的接觸而感動。

投身文創，呈現紅樓原始風貌

我印象中的范姜群季，是位資深的文創人。曾經待過電視圈，和王偉忠、葛福鴻做出《連環泡》、《歡樂週末派》等膾炙人口的綜藝節目；接著他到宜蘭參與製作童玩節，也爲鶯歌陶瓷博物館服務多年；還曾爲台鐵便當創造「懷念的好味道」這句流行的slogan，並打造台鐵先生

公仔，和高鐵的幸福商店等等。在宜蘭童玩節期間，爲了四十五天要接待百萬人次遊客，當時最投入的就在創意策略和行銷方面。

經過宜蘭的滋潤後，范姜群季回到故鄉桃園。他思考著，可以帶給這個城市什麼樣的面貌？每個城市都應該有自己的紋理，包括每家餐廳都該有自己的想法、自己的靈魂，不要去想「速成」這件事情。他認爲文創是很難速成的，因爲文創更需要「慢」，慢的意思不僅是時間，是更深入，從顧客的角度、生活的角度去理解，才能產生具體的作爲。還是要把「思考」這件事情放在前面。

到了中壢，遇見百年紅樓，建築物本

Profile

范姜群季

House+Café負責人，曾創立童黨萬歲公司。

身非常精彩，屋主的故事也非常豐富，讓范姜群季思考著該賦予它怎麼樣的新面貌？面對這樣的歷史現場，又該怎樣重新去詮釋她？他選擇以沒有強烈色相的黑、白、灰三色爲基底，創造乾淨明亮的新空間；手法上一反從外觀、設計思考出發，而是從本質出發，從食物的本質、生活的本質等方向去設計。希望讓客人進到House+Café，就像在自己原來的生活中，遇見美好的事情般自在。

融合藝術，拉近與觀者間距離

他把百年古蹟作爲主體，取名House，給予獨立的氛圍以及藝廊的功能，溯源了解祖先從一九一〇年開始到中壢地方落腳，將藝廊取名「1910」，也代表著對祖先的感恩。一旁延伸出線條俐落的黑鐵玻璃屋是Café餐廳。

范姜群季把「1910」藝廊提供給藝術家展出，前幾年以四十歲以

下，桃園區內年輕藝術家優先申請，但過程中也發現法國、南非等外籍藝術家都來爭取。Café的餐點也會配合House的展出做變化，比如有次邀請到歌手小南方到此舉辦畫展，配合展出，由主廚做出一道以小南方命名的專屬料理，只有小南方畫展期間才會出這道菜。

Café還有一處非常醒目的座位，在某次展覽期間，被特別保留下來，因爲展覽主角是位流浪藝術家，不知何時會現身。當週末假日，就有客人發現有張從頭到尾都沒人坐的空位，好奇靠過去，看到牌子上寫著「餐廳將此位置保留給藝術家」。這個舉動其實也是爲了向藝術家致敬，讓客人們感受到在生活中，藝術這件事是這樣地被重視，被尊敬的。

餐廳的菜色也是從本質出發，食材與很多小農合作，減低運送過程產生的汙染，食物呈現方式不需太多加工，讓客人了解食物本身即可呈現

美感以及味道。這裡也減少以「歡迎光臨、謝謝光臨」等制式化流程迎接客人，輕鬆地把客人都當成朋友。范姜把文創元素注入生活裡，每個人都有練習的機會，跟別人學習和練習。

永續經營，文創變成一種生活

這幾年，我常有機會到各縣市去，尋訪具有文創特色的餐廳，文創成了顯學，但到底什麼是文創？作爲一位資深文創人，范姜群季如此解讀：「文化好像是一杯調酒前的基酒，創意就是如何去調它。」因此文創還是要先有原創。

目前台灣的文創還是比較趨向具體的設計，范姜群季則覺得文創應該來自生活的需要，可能是點子，是可被執行的，可能是種風格的商業模式。所以可能必需有多一點其他的能力，不只是創意能力。舉例來說，現在很多人想開獨立書店，開間書店是容易的，但永續才是文創常常遇到

的問題，要不斷去產生新的故事，要導入更多生活的想法，透過店裡的書本、咖啡、座談等引領出對於美好生活的想像跟啓發，必須要有其他經營的能力才有辦法永續。

每間文創商店所帶領出來的體驗都是不一樣的，如此生活才會變得很富足，讓人覺得很有趣。我們都期待文創展現的方式和店鋪的型態，能受大衆長期喜愛，如果可以，就足以形塑成經濟模式和經濟價值，才能永久經營。

范姜群季希望把文創的概念打散在每一天、每個角落、每件事情上，把美的思考變成習慣，置入餐廳，使客人很容易接觸得到，可能就因爲這樣的接觸，對他們的生活有點小小的啓發或改變。這樣的灌溉方式讓文創主題商店變成藝術的沃土，讓大家慢慢去接觸，就可以落實文創的精神，爲人們帶來更美好的生活。

志揚真心話

“姓范姜的人，百分百來自桃園新屋，
地方雖小，人的心與視野卻無限寬廣。”

精采訪談連結

老屋新生，再現風華——古正君、吳麗珠

大溪尋古訪幽人文味，雙姝推手老屋展新象

回想無數次旅行經驗時才知道，原來常常令自己讚嘆、回味無窮的旅遊回憶，往往是在巷弄之間不經意瞄到一處古色古香的淨土，也許是一幢上了年紀的老宅、也許是頹圮的老屋，但因為她們充滿著歷史的風貌，成了我記憶中的瑰寶。本篇照片提供／古正君

第一次看到大溪和平老街48號老宅時，頹圮的程度以「爛」來形容最貼切，我當時心想這能修復嗎？但因爲她具備常民文化建築美學的魅力，讓時任桃園縣長的我，立刻決定請文化局同仁協助啓動這棟老屋的修建計畫。

這棟老屋重生的推手之一，是古家第五代的古正君。年輕時覺得老屋生活太不現代化，洗澡還得起灶，太不方便，她趁著到外地念大學，名正言順離開大溪。念大眾傳播系的古正君，畢業後先到廣告公司，後來又有機會在移民公司上班，到各國旅行尋找好的環境讓客戶移民。一次出差途中，古正君搭乘日亞航班機，在飛機上翻閱雜誌時，看見一篇日本作家介紹大溪的報導，上面寫著：「如果妳來台灣旅行，應該找一個城鎮去旅行，叫大溪；如果妳們很幸運，碰到這個房子有開啓，妳們去和平路48號，就可以看到這個空間。」文

章搭配的照片竟是自己再熟悉不過的老屋，讓古正君瞪大眼睛看，心想：「爲甚麼人家這樣介紹我家呢？」古正君完全沒想到，自己的老家在日本作家心中竟是如此美好，但即便這樣還是沒有激起她想回家的念頭。

直到三、四年後，因緣際會到上海協助朋友研究如何包裝上海老房子。朋友們拿出非常多台灣老房子案例，又赫然發現自家老屋，才知道老家是社區營造的第一個據點辦公室。

Profile

古正君

「源古本舖」第五代管理人，同時也是「台灣古厝再生協會」的成員。

吳麗珠

有深厚文化工作經驗，任職於「台灣好基金會」，致力於發現台灣的美好。

眼見她的渾然不覺，團隊同仁對著她說「妳家那麼漂亮，妳貢獻了甚麼？」這句話像是當頭棒喝般敲醒她，當老朋友們在為不同地方老房子修復努力時，自己竟然遺棄自家老屋，讓她心生對祖先的愧疚，當下立刻決定「回家」。

與台灣好合作，活化老屋空間

古正君決意展開老家古屋重建時，古家重建的另一名推手吳麗珠，還在桃園縣文化局服務。她從公部門的角度來看，討論老房子保存議題，先看老屋有沒有文化資產價值？再循著法定程序，由專家來審定。她提到古正君家族成員對老房子皆有保存的共識，是相當珍貴的。當時古正君爸爸講了令她非常感動的話：「第四代的我，沒有幫家族留下產業，如果這個充滿歷史的空

間、我長大的空間，在我手上被拆了，就對不起老祖先。」吳麗珠說，這樣的動力讓古家老屋在指定歷史建築的過程非常順利。

後來吳麗珠轉職到台灣好基金會，執行該會與交通部合作的北區國際光點計畫，找尋、串連，以關懷土地爲前提做出來的產業。她記起大溪老街正君家的空間，覺得這就是常民文化最好體驗的場所、處所，而且是活的房子。她說早年大溪是國際貿易商港，外銷要從淡水出貨時最北端的港，古家位在老街正中間，所有古代的人到此做生意，一定要從她家經過，就是源古本舖的趣味點。吳麗珠積極與古正君溝通，希望讓這裡變成北區國際光點接待國外旅客或是台灣旅客時，可以進到房子裡面看到大溪老街另一個眞的生活的風貌，也展開台灣好基金會與古家合作的

許多故事。

採多元化經營，老屋竟變年輕

古家老宅被指定爲歷史建築後，古正君也獲得經費修建源古本舖，第一進修復後，古正君覺得這個空間值得被看見，她設定讓老屋化身爲平台，做爲社會財來運用，除了把很多「古」的元素都集合在這裡，打造成看似販售工藝品、手作商品的雜貨店；更因爲大溪人文素養深厚，成立「不老職人」講堂，讓曾經爲了大溪的繁榮或者手藝曾經被稱許的老匠師或者是老畫家，有空間能夠訴說他們的智慧和認眞的精神。

古正君把源古本舖的空間做多角經營，是演講平台，也是現代舞表演平台。她認爲大溪就像是台灣的縮影，因此希望以平台式發展，讓大溪很多能量、文化底蘊被看到。我曾在這裡欣賞過「古舞團」的《回來》，舞者們在老屋內不同房間舞動，觀眾看完一個要移動到下一個去看，配合燈光，很精采、很酷，令我感受深刻。她還邀請年輕藝術家到此駐點，紀錄片導演邱垂龍用影像和這個空間對話；也曾有位二十三歲的年輕布袋戲表演者，從製作戲偶到唱、演布袋戲都擅長，讓源古本舖變成古院子裡的堂會，也是藝術創作發表的好地方，這次表演迴響很大，這個年輕人也因此被看見。

源古本舖，從一個幾乎是快要倒掉的老宅子，整建起來後又做了好多事。古正君也期盼在未來修復過程中，好好做紀錄，透過台灣好基金會的進駐，則可以觀察老房子跟民宅，日後怎麼活化？希望成爲未來協助其他老房子修復、運用、活化、經營的一個模組，展現台灣更多更好的亮點。

志揚真心話

"在當時修復老屋的過程中，
我也戴上安全帽、手套，
在陽光下，跟著大家一起洗去瓦片的髒污。"

精采訪談連結

■放膽去闖，邁向世界的舞台——賴雅婷

人生苦短有夢最美，青春無敵勇敢追夢

■在亞洲的盡頭找到自己——魏宗琳

跟著「土女時代」，發現陌生的國度

■百年品牌的新世代接班人——曾士豐

遵循古法釀造，以創新行銷勇闖國際

■愛甜點的男人上街販賣夢想——程朝謙

乘載甜點的攤車，往創業之路邁進

CHAPTER 5
青春，勇敢追夢

跟著他們一起出發，

追尋一個讓人想不到的夢。

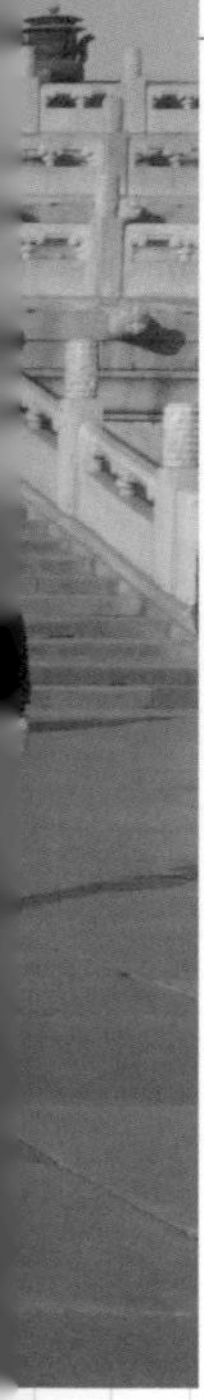

放膽去闖，邁向世界的舞台——賴雅婷（Amy）

人生苦短有夢最美，青春無敵勇敢追夢

常聽到有人讚嘆年輕人「青春無敵」。青春，可以無所牽掛，天不怕地不怕。我常鼓勵年輕人，青春歲月就是追逐夢想的好時機。賴雅婷透過旅行和擅長的影片拍攝，積極追求自己的青春夢，從她的故事，我充分感受到「青春」的能量與魔法。本篇照片提供／賴雅婷

早年的台灣，人們爲了謀生，很難有夢。到了我這一代，年輕人就得把書讀好，考上醫生、律師，達到所謂刻板印象中的成功，沒有時間或餘力思索自己的夢想。但來到賴雅婷的世代，社會開放、生活進步，人們眼睛看得到、耳朵聽得到，接收到的刺激非常多，進到腦中，很容易擦撞出夢想。

之前在電視新聞裡看到七十五年次的賴雅婷，她拍了最受歡迎的上海世博台灣館紀錄片，獲得北京中央人民廣播電台舉辦的「你好台灣相約世博」拍攝競賽首獎；也曾花了半年時間遠至黑龍江、北京、上海、廣州等地，拍攝兩岸學生紀錄片《登台著陸青春夢》；還撰寫了《中國7城創意新玩法》一書，成了作家。

談起夢想之前，賴雅婷和我分享了她的世代：「這個世代很豐富、多彩多姿，但有時候也會因爲機會太多，好像任何方式都能成功，而讓自己感到迷惘。」在這個資訊爆炸的時代裡，要先

認識自己，了解自身能力，再去選擇最喜歡且適合自己的；否則選擇太多了，什麼都想要，最後可能全部落空。

帶著父母出國，設計專屬行程

因此，賴雅婷給了自己一個簡單、又很宏大的夢想：有生之年，可以看到很多很多的世界，不僅是在台灣，同時透過旅遊讓自己的觸角更廣。但過去因爲一人旅遊，美景僅能獨享，這讓她在夢想上加了備註，希望身邊有好朋友、家人一同分享。

有了這樣的想法之後，賴雅婷從北京電影學院畢業回到台灣，精心規劃，帶著從來不曾出國的爸爸，和沒有到過

Profile

賴雅婷（Amy）

畢業於台灣藝術大學廣播電視研究所。曾拍攝上海世博台灣館紀錄片，並獲北京央廣影展首獎。費時半年拍攝兩岸學生紀錄片《登台著陸青春夢》。著有《中國7城創意新玩法》一書。

*FB粉絲團【艾咪×夢遊旅孩】

中國的媽媽，一起到中國旅遊。賴雅婷根據父母的健康及個性，客製化地安排行程。注意到老人家膝蓋不太好，便避開步行距離長及樓梯多的景點；父母物慾不高，且安排參觀文化景點、觀賞美麗風光和逛菜市場等。從未去過中國的賴爸爸、賴媽媽，行前非常緊張，未曾親身經歷，很容易胡思亂想，擔心會不會遭搶？或是被牛車撞？直到後來在上海逛菜市場看到便宜大閘蟹，欣賞到各地美麗風光等等體驗，讓賴雅婷的父母都很開心，回台後馬上問起明年要去哪裡玩？這趟旅行讓老人家享受到旅遊的樂趣，不再覺得旅遊是無用、浪費時間的事情了。

台灣老一輩的人，總得等退休之後才能出國。現在年輕人的觀念，則是因爲要成長，所以出國遊歷。在賴雅婷的想法裡：「好東西要和家人和好朋友共享」，她比父母早出國遊玩，把累積的經驗帶給父母，以及幫忙安排適合他們的行程，是我覺得非常值得鼓勵的典範。

在城市間流轉，躺著移動也嗨

愛旅行的賴雅婷，旅遊的腳步從未停歇，暫停，經常是為了規劃下一次的旅行。在考上北京電影學院導演進修班，賴雅婷興起規劃中國之旅的念頭，藉著入學前的暑假，體驗當地風土民情，到當地求學時就不會緊張了。行前她花了一、兩個月的時間規劃，兩個月內走了十三個城市，在城市與城市之間，以搭火車方式移動。這趟旅行是她第一次體驗火車臥鋪，當城市之間距離遙遠時，在車上臥鋪過夜，還可以省下住宿費，做其他吃喝玩樂的運用。她覺得「躺著移動」非常有趣，且臥鋪統一十點熄燈，不時聽到有媽媽催促小朋友「去梳洗、去睡覺」，相當新鮮。

旅遊對賴雅婷來說，更是長知識的方式，例如乍聽「天津狗不理包

子」，她以爲連狗都不理的包子，怎麼會好吃？後來才知道賣包子的老闆叫「狗子」，因爲生意太好，客人跟他說話，他都不理，大家就說狗子賣包子不理人，才叫「狗不理包子」。

跳出精彩北京，發掘城市新玩法

賴雅婷從這段旅行挑選了七個城市，把種種經驗寫進《中國7城創意新玩法》書中，推薦讀者到北京、天津、上海、杭州、西安、成都、重慶等七個中國旅遊的入門城市遊玩。她把在每個城市拍下的照片，精挑細選，組合成四格漫畫，希望讀者不只是看照片、文字，還可以享受她獨特的旅遊觀點。也因爲旅伴是舞蹈老師，賴雅婷用手機錄下旅伴在北京各個角落的舞姿，再搭配上〈北京歡迎你〉這首歌曲，變成北京旅遊MV，兩分鐘的內容就帶你遊遍北京許多地點，PO上網後引起很大迴響，讓人覺得北京精采好玩。

透過這些兩岸往來的經驗，也讓賴雅婷對兩岸年輕人產生不同看法。她從製作《登台、著陸、青春夢》這部描述四位來台當交換生的北京學生生活的紀錄片中，感受到台灣的年輕人從某些角度來看，很有創意、活力，但比較缺乏計畫和規劃的態度。中國的朋友談起未來講得澎湃，不管結果如何，至少已經有了思考和計畫。

從賴雅婷的故事裡，我看到了台灣年輕人的衝勁與膽量，也有足夠的開放胸懷，大步邁向世界的舞台，青春，眞正無敵。

志揚真心話

“在廣播電台訪談中見到賴雅婷時，
從她的眼神裡，我感受到在她的心中、
腦海裡有個佈滿閃耀星星的小宇宙，
那裡充滿夢想。”

精采訪談連結

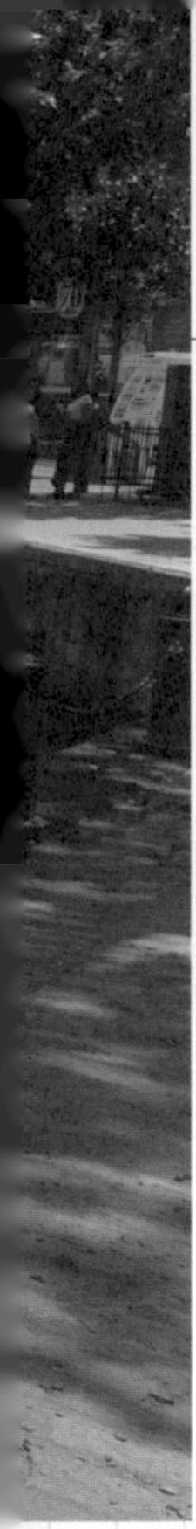

在亞洲的盡頭找到自己——魏宗琳

跟著「土女時代」，發現陌生的國度

乍聽「土女時代」，「土土的女生」？在搜尋引擎打上這四個關鍵字，答案便揭曉。「土女時代」是為華人設立的土耳其入門網站，而「土女」指的是對土耳其有深厚研究的女生。 本篇照片提供／魏宗琳

五位政大土耳其語文學系畢業的女生，爲解決台灣人對土耳其因資訊不完整造成的諸多偏見，懷抱著青春的熱血與對土耳其的熱愛，創立了分享土耳其文化、美食及旅遊資訊的「土女時代」，希望能搭起台灣與土耳其間的橋梁。

「土女時代」的共同創辦人兼總編輯魏宗琳，常以土耳其印象爲話題跟人聊天，但最常聽到的回應是「都是沙漠」、「是阿拉伯人嗎」、「有很多恐怖分子的地方嗎」，能講出來的正確印象就只有土耳其冰淇淋，這是台灣人最容易接觸到和土耳其相關的東西；至於世界名曲〈土耳其進行曲〉，僅限於學音樂的孩子才知道。當然，關於土耳其的話題常會在無言中，悄聲結束。

交通樞紐，世界級的航運中心

位於希臘的東邊、南臨地中海、俄羅斯南邊的土耳其，在交通未發達的年代，因地處亞歐非三大洲的交界，

地理位置優勢，自然成爲東西文化傳遞的必經之地，而其文化與經濟中心——伊斯坦堡，更是世界上唯一地跨兩大洲的城市，在族群、語言風俗上都很豐富，領土面積也不小，約爲台灣本島的二十一・七倍。

我對這個國家的深刻印象，來自於在桃園縣長任內推動「航空城計畫」時，曾經討論台灣到底需要幾條跑道，

Profile

魏宗琳

畢業自政治大學土耳其語文學系，為「土女時代」的共同創辦人兼總編輯，著有《四分之一土耳其》等書。

土女時代（tkturkey.com）

二〇一四年架設網站，隔年擴大成立公司，由五位政治大學土耳其語文學系畢業的女生共同創立，主要分享關於土耳其旅遊、新聞、藝文、美食等豐富內容，目前為華人區最大的土耳其資訊入門網站。

那時候伊斯坦堡的機場跑道就有四條，二〇一四年土耳其機場旅客吞吐量高達八千多萬人，居世界排名第十位，全國第一大城伊斯坦堡原有的兩座機場無法負荷日益增多的旅客，已經著手興建第三座。這樣重要的世界級航運中心，在台灣人的心目中卻是相當陌生。

終於，我們有了「土女時代」，提供包羅萬象的土耳其相關資訊，有旅遊、飲食、時事、語言、藝文、當地等選項，講得全是「土耳其」，二〇一五年開始發展販售土耳其商品。魏宗琳描述網站願景，未來希望提供旅遊服務，讓更多人認識土耳其，這個「我們喜歡的地方」。

歷史記憶，萬里長城為他而建

從歷史上看，最初的土耳其人就是歷史課本上讀過的突厥人。據魏宗琳的說法，在土耳其被問到你從哪裡來，你回答「從遠東來」的時候，他們會很驕傲的說，用來防禦北方來犯及其他異族入侵的萬里長城，是爲了他們而蓋的。

古代的土耳其人也追求「豐功偉業」，就是建立自己的帝國，擊敗東羅馬、建立鄂圖曼土耳其帝國時，是他們歷史上最光榮的一頁，從此擁有歐亞非交界的最佳位置與廣闊的疆域。而在宗教、文化特色上，因爲國土多數屬亞洲，土耳其人算是亞洲人，而不是阿拉伯人。其中大部分人信奉回教，整個社會、宗教節日都依從伊斯蘭教教義，但並非每個人都是穆斯林，男女在多數時候可以正常往來、相處，算是伊斯蘭教裡最開放的國家。

風俗文化上屬西方歐洲與東方阿拉伯兼容並蓄，這樣多元的特色也反映在建築上。最受旅客喜愛的番紅花城，是古代鄂圖曼土耳其帝國的建築；在伊斯坦堡會看到的清眞寺、巴洛克式建築則是受到西化的影響；藝術方面也是，在這個國度裡處處可見東西文化的交融並進。

此生必訪，文化交融特殊風情

土耳其的歷史、地理都很豐富，但最值得旅遊的特點是什麼？又是什麼讓它這麼吸引人？到目前爲止，生命四分之一的時間都沉浸在土耳其的魏宗琳相信，土耳其是一生至少要去一次的地方，不但有許多難得一見的事物，其文化交融的獨特氛圍更是在其他國家所體驗不到的。她也爲我擔任紙上導遊，導覽土耳其必看必吃的特色。

從土耳其的門戶伊斯坦堡開始，第一個要看的就是藍色清眞寺，接下來是對面的聖索菲亞教堂，這座奇妙的建築原先是東正教的教堂，後來伊斯蘭教徒進駐，變成了清眞寺，現在則是座博物館。它有著清眞寺的外觀，入內卻又能欣賞到聖經故事的壁畫，東西文化在這裡展現出奇異卻祥和的混搭樣貌。

往西南方走來到特洛伊古城，這裡有著依史詩仿建的巨大特洛伊木

馬，很多遊客因爲神話故事慕名前往。沿岸往南，艾索菲斯古城是目前世界上保存最好、最大的希臘羅馬建築；還有別名「棉堡」的世界遺產——帕慕卡雷，魏宗琳說可以把它想像成七股鹽山，整塊的石灰岩地質，有溫泉、石灰岩溶洞，在其他地方絕對看不到。

魏宗琳也推薦了叫卡帕多奇亞，看似蘑菇的奇石地形，頗受遊客青睞。蒐尋土耳其旅遊時，有八成圖片都是卡帕多奇亞，這裡的風景被製成海報、明信片、拼圖等，是土耳其之旅的主打商品，而旅客來到這裡的主要目的，則是搭乘熱氣球，享受飛行在安那托利亞高原上的奇幻感受。

私房推薦 超豐盛蘇丹式早餐

多數人到土耳其旅遊會用三種方式，第一種是驚喜度高、冒險度也很高的背包客旅遊；第二種是半自助，預訂部分當地的套裝行程、交通工具，但中間的行程由自己規劃，自由度最高；最後一種就是團體旅遊，舒適便利。魏宗琳以自身經驗分享，土耳其的旅遊挑戰性比較大，如果要自己規畫，即便英文說寫流利，都有風險。現在市面上推出很多行程，根據旅客背景做出區隔，能幫助大家達到旅行的目標。若時間充裕，建議安排十二至十五天，才能充分體驗與享受。

對台灣人來說，除了景點，美食也很重要！我問魏宗琳土耳其有什麼好吃的？若連結台灣印象，土耳其除了冰淇淋之外就是沙威瑪，但魏宗琳的私房推薦是蘇丹式早餐。蘇丹是等同於「帝國君王」的稱號，這樣的早餐自然與「豐盛」打上等號。基本上有起司、蛋、沙拉、果醬、蜂蜜、香腸等，桌上場面極爲盛大。土耳其的橄欖油品質非常好，也可以試試當地的烤肉料理和地中海式橄欖油料理，做成食物或保養品都很受歡迎。

四季分明的土耳其，春、夏、秋三個季節最受歡迎。涼爽舒服的春天可以去賞花，當地還有舉辦鬱金香節；夏天很熱，可以在著名的海灘，體驗泛著神祕土耳其藍的海水洗滌；不喜歡夏天的炎熱，就秋天去吧！選擇健行或是類似杉林溪這樣的行程，在自然裡吸收大量芬多精。

「當地人相當熱情，和台灣農村感覺非常相似，會用盡全力來幫助你，就算不知道路也會爲你帶路。」魏宗琳俏皮地說。但她也提醒來到當地的旅客避免湊熱鬧，因爲土耳其也有抗議、示威、砸雞蛋等狀況，要小心別被波及。最重要的是，一定要尊重他們對宗教的想法，伊斯蘭教有著自己的生活規範或作息，宗教的影響也深入他們心理層面，因此有需要遵守的就要照規矩來，其他則按照自己能接受的程度配合即可。學會入境問俗，世界的任一角落都能悠哉暢遊。

志揚真心話

土耳其近年興起許多新舊交融的文化，
在電影、時尚方面有不同的表現，
有興趣的朋友可以問問「土女」。

精采訪談連結

百年品牌的新世代接班人——曾士豐

遵循古法釀造，以創新行銷勇闖國際

我在雲林西螺遇見台灣本土的百年醬油老店——大同醬油，堅持傳統釀造工法，傳承五代，為歷史保值，至今未曾改變。第五代傳人曾士豐，更跳脫釀造業傳統，將美學運用在包裝設計上，也訴求健康產品，獲得國際大獎青睞，為創新加值。本篇照片提供／曾士豐

雲林西螺的名產還眞不少，信手拈來就有西螺米、西瓜，還有西螺醬油，走在街上，三、五步就是一家醬油店。拜地處嘉南平原、濁水溪流過的地利之賜，這裡的水質、氣候、土壤都很適合種植蔬果；製造醬油的原物料——豆類、米，還有從甘蔗萃取出來的糖等等，皆可就地取材。

尤其西螺位在北回歸線旁，全年溫度適中，日照充足，環境得天獨厚，濕度、溫度有利於醬油菌種的發酵，因此西螺就成了「醬油的故鄉」，也造就出「大同醬油」這樣的百年老店。

百年醬油，從一顆肉圓開始

談起大同醬油的開始，得從肉圓說起。民國初年，物資缺乏，想做小本生意的創辦人，決定賣肉圓。他親手調配特殊肉圓沾醬給客人，意想不到的是，醬料竟比肉圓還受歡迎，連同業都來批貨；這讓創辦人興起做醬油生意的念頭，也因此在無心插柳的情況下，造就

出百年企業。

而大同醬油能夠一賣百年，傳承五代，不二法門就是堅持古法釀造。曾士豐談到釀造醬油的古法，第一步就是選好豆，大同的醬油都是黑豆製造，有別於一般的黃豆跟小麥，更能顯現出醬濃、豆香的味道。黑豆蒸煮後，下個步驟就是製麴，把黑豆的菌，植入到每一顆黑豆的中心點，然後入甕。甕缸可以隔熱保溫，這也是大同醬油直到現在都堅持傳統方式發酵的重要工具，入甕後封蓋一百八十天再啓。由此不難發現，除了好豆之外，好水、好溫度也是關

Profile

曾士豐

雲林西螺大同醬油第五代，新加坡小留學生，曾在法國、英國學藝術，二十歲在澳洲取得企業管理學位。

大同醬油

一九一一年創立，原名「源發醬油」，由曾漢坤先生繼承後，改名「大同醬油」。產品曾獲ITQI比利時風味評鑑獎、德國IF設計包裝獎。

鍵。用傳統方式製作醬油，也是靠老天爺吃飯的行業。

但堅持古法意味著釀造時間長，我疑惑著如何維持生產線的供應？原來大同醬油每天都有入甕、蒸豆子等生產動作，同時設有儲存槽，保有安全庫存量，才能避免求快求多，一如往昔。每一天都是用古法釀造醬油，直到九二一大地震給了大同醬油重重一擊，才短暫中斷。

廠房可以毀，信用卻不能毀

大同醬油的工廠位在斗六工業區的最高點，恰恰在斷層上。所以九二一大地震的那天，工業區內只有大同醬油整座廠房全毀，其他建築倖存。所有醬油儲存槽破裂，醬油如一江春水向東流，十分慘烈。說起這段故事，曾士豐則是一笑置之，但點滴在心頭，好不容易建起來的現代化廠房，五年不到，卻因遇上強震，三樓變成一樓，機器設備和廠房全毀，從

頭再來。

因爲長期以來客人和廠商都有醬油需求，雖然臨時發生意外，還是得照舊供應。廠內員工發揮「台灣牛」的精神，咬緊牙根、埋頭苦幹。原本儲存槽的醬油，因甕缸破損流掉了，只好從甕缸取出發酵完成的醬油原汁，在搭著鐵架、遮雨棚的員工停車場，以七、八十年前最原始的方法煮醬油，好不容易在震後第三天，煮出當時的第一瓶醬油。

但這之後，因爲需求大於供給，好幾次面臨斷貨，沒辦法供貨給客人，曾士豐有感而發地說，當時如果大同醬油做的是代工路線，一旦倒了，客戶就會換另一間公司代工。但因爲大同醬油品牌效益充分發揮，消費者和客人對這個品牌是有信心、有好感的，最重要是他們習慣這個品牌，給予了正向的力量跟期許，才激發出震後三個月內恢復量產的奇蹟。

由大同醬油的故事可以看出品牌信用

的重要性，客人給予的期待與壓力，也會讓你更看重自己。

打造特有的台灣醬油文化

接棒後的曾士豐，在父親輔助下，再啓大同醬油新頁。十幾年來在醬油這個產業體會出來的：「愈是傳統，愈是國際」，給他深刻影響；打進國際市場要提供的不是價格、不是價位，而是價值；價值正源自於台灣的特有文化。於是他把公司定位改變成主要生產醬油，但賣的是文化。把文化與產品結合，從整座工廠、包裝，到讓客人走進來看到的感覺，都要完整呈現醬油文化。

傳統產業能夠屹立不搖，最重要還是創新的行銷。我注意到曾士豐操作兩個趨勢就是國際化、在地化，乍聽是相反路線，但都做到了。在國際化上，爲了讓西方世界認識醬油，他參加國際競賽，以「春夏秋冬」系列醬油產品，勇奪比利時國際風味暨

品質評鑑所（iTQi）二星獎；包裝同時獲得有設計界奧斯卡獎之稱的德國ＩＦ設計大獎，讓傳統產業變身世界時尚精品。除了獲得國際性的肯定外，大同醬油更是國內唯一獲得伊斯蘭教清眞認證的工廠，將醬油擴及到全球十五億人口以上的伊斯蘭教世界，讓這項傳統產業更具全球競爭力。

在地化的部分，曾士豐與國際接軌的同時，也不忘企業責任，曾經有幾年古坑的柳丁生產過剩，他收購回來，無心插柳做出柳丁醬油，清爽中帶點果香，非常受歡迎；他也鼓勵在地農民，以契作方式保證收購價格，復育黑豆在當地產銷。

作爲食品製造商，曾士豐最希望看到的不是客人買很多商品，而是品嘗到自家商品時的滿足表情，希望在食品安全的建構之下，客人可以吃到美味、健康與安心，能讓大同醬油繼續走往下一個百年。

志揚真心話

“士豐從一開始忍受、接受，
到改變、喜歡上醬油產業，
他成熟的經營理念、投入工作的精神，
這個年輕人了不起！”

精采訪談連結

愛甜點的男人上街販賣夢想——程朝謙

乘載甜點的攤車，往創業之路邁進

一輛紅色三輪車，載著擺有檸檬塔、可麗露等各種法式點心的褐色木箱，這是我在新北市板橋街頭發現的特別甜點攤。程朝謙原是3C產業工程師，但熱愛甜點，勇敢轉換跑道自行創業，開設網路商店「森之心甜品坊」，變成賣甜點的生意人。本篇照片提供／程朝謙

程朝謙很喜歡吃甜點。最期待到台北東區蛋糕吃到飽的餐廳，朋友吃義大利麵，他專攻甜點。但因爲餐廳的甜點多是切成小塊供應，讓他覺得吃不過癮，無法滿足，興起自己做甜點的想法。透過朋友介紹，程朝謙開始學習做蛋糕，第一個作品就是海綿蛋糕。

處女作的完成激發起他對甜點製作的熱情，慢慢添購烘焙器具，烤箱、打蛋器、打蛋盆、刮勺、烤模，投入愈多、買得愈多，每逢假日就在家做蛋糕，分享給家人和朋友。

從工程師搖身成為甜點店老闆

原本在手機製造公司擔任工程師，負責供應商品品質與有害物質管控的程朝謙，即便是新案子，也只能依照制式流程執行。無法發揮創意的工作，讓他感到枯燥，低成就感，更想到自己長時間學習製作甜點稍有成果，也到了可以創業的年齡，就毅然遞出辭職信，把自己的最愛變成職業，轉行創業專心手做甜點。

初接觸甜點時，只是興趣，做給家人、好朋友吃，不需要強調香氣、色澤，能做到好吃、健康最重要。所以即使到現在創業，有銷

售壓力，他還是堅持每一個親手做的甜點都不添加防腐劑、色素、香精，也不使用人工奶油或任何化學添加物，甜點的色澤、香氣，全是天然食材本身散發出來的。

我很佩服他選擇食材的聰明方法，先研究知名烘焙店選用的原料與食材，找出如無鹽奶油、鮮奶油、麵粉等主要原料的來源或品牌，挑選兩、三款很好的產品作測試，嘗試做出自己喜歡且滿意度最高的口味跟烘焙成品口感，就固定選用。另外也特別注意原料成分，比如市面上的巧克力，會注意可可含量、純度，添加物少，以判斷是否爲天然巧克力，避免以可可膏、氫化植物油、棕櫚油調和出來的巧克力。選用食材與原料的重要標準就是確保做出來的甜點讓客人吃得安心、健康。

Profile

程朝謙（Jas）

曾任職科技業工程師，現為「森之心手工甜品坊」的老闆。

森之心手工甜品坊

以新鮮食材、上等原料製作甜點，標榜不添加任何防腐、色素、香精和化學添加物，希望讓客人品嘗到最用心也最安心的天然美味。

從街頭到網路，逐漸打開知名度

程朝謙在創業初期僅接受網購，單純接單出貨。因爲網購盛行，很多人像程朝謙一樣投入烘焙業，從網路起家，不需耗費太多資金，覺得可行就成立粉絲團，慢慢銷售。他深刻體會到網路商店上有大量瀏覽的人，但因爲競爭者太多，也很容易被遺忘。

爲了找到固定客源，他想到在街頭以三輪車推出販售甜點。雖然在網路上看到適合的三輪車，但因需要特製，成本太高作罷；轉往一般腳踏車店找到現成三輪車後，再根據尺寸訂製適用的甜點木箱，展開三輪車甜點販賣大作戰。

攤車加入後，第一個想法就是往人多的地方去，找到捷運站。但實行後發現，像是捷運站這些人多的地方，很多只是過客，看到攤車，卻沒時間停下腳步。程朝謙邊做邊學，終於找到了適合的地點，現在經常停泊三輪車的駐點——藝文中心，周遭是住宅區，客人下班經過會購買，後來成爲主要回購客；展演活動期間，有外地客人看到，吃得滿意，也會以電話或網路下單。

原本網路銷售並不穩定，加了三輪車當通路後，生意逐漸步入軌道。尤其與客人直接接觸，對談過程可以更清楚知道客人需求，比如甜度降低，口味多元一點，都可以稍作修正，久了產品就會更符合大眾口味，這是以往單一網路銷售不易取得的資訊，現在更以三輪車客人的意見回饋作爲產品研發改良的主軸。也因爲客人好評，生意趨於穩定，更讓一剛開始不看好的父母，從不得已的支持到現在完全接受。

把興趣變工作，創業再苦也不怕

把自己的興趣變成工作或職業，對任何人來說都是挑戰。程朝謙以過來人的姿態說出心路歷程。創業

的當下，不能有想換個工作環境或是下一個工作會更好的想法，而是要眞心投入，訂定明確目標，才能在創業路上有明確走向。

以前程朝謙在職場裡，只想平穩的過，從未想爭取上位或成爲焦點，這樣的心態讓他的工作變得平淡。成立甜品坊後，很多人以爲他當了老闆，風光亮麗，殊不知從原料採購、製作包裝到出貨，全部得一手包辦，也是很辛苦的。但因爲是興趣，對未來有了期望，反而讓他感覺到前所未有的成就感，激起專心投入的心，也能滿足自己。

他的創業心得是：「創業前要想清楚，不是想要老闆頭銜，而是眞正想做，才能讓自己的意志力更強。」在創業路上遇到困難時，才有堅持的毅力去解決。

另外，一般人以爲網路開店資金少，相對風險也很小，可是網路太廣闊，在此創業很容易被遺忘或忽略，要想辦法讓別人看到你的店或商品。像是參加通路的市集或銷售活動，積極參與才能讓產品曝光，讓更多人看到你，更重要是本身的資金來源有沒有辦法支撐爲期一兩年或更久的創業，確定後才能大步向前。

志揚真心話

“有創業夢很好，但是要做好準備，
決定好目標，築夢踏實，
相信每個人都能跟程朝謙一樣，
圓了自己的興趣夢。”

精采訪談連結

■祖靈地上勇築咖啡夢——華偉傑

無法割捨的鄉愁，重返部落打造原鄉咖啡

■讓大數據變得有溫度——金志聿

網路溫度計，發現數字背後的奧妙

■自行車界的隱形冠軍——林正義

MIT折疊車揚名國際，破風騎出藍海之路

■引發台灣鐵人三項風潮——林澤浩

從參與者到規劃者，以運動帶動觀光與產業發展

■橫跨四大洲的鐵馬壯遊——陳守忠

往世界的盡頭騎行，走萬里路快樂收穫

■擁有創新思維的銀行家——劉奕成

FinTech世界正夯，擋不住的金融科技浪潮

■告別百萬年薪，科技新貴賣牛仔褲——林士玄

職人工藝結合在地文化，打造台灣牛仔褲精品地位

CHAPTER 6
開拓屬於自己的未來

朝未知的境地勇敢跨出第一步，

他們開拓了疆土，也建立了先驅地位。

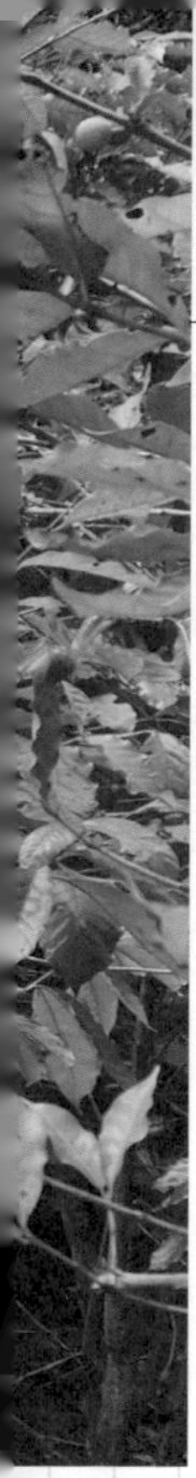

祖靈地上勇築咖啡夢——華偉傑

無法割捨的鄉愁，重返部落打造原鄉咖啡

我曾在屏東演藝廳附近的卡佛魯岸咖啡館，驚喜地喝到一杯醇厚甘甜、來自北大武山的泰武咖啡。北大武山名列台灣五岳，矗立於屏東泰武鄉之上，是排灣族祖靈歸宿的聖地、族人心中的靈山，象徵智慧與文化，更擁有珍貴的自然資源，咖啡就是其中一項。本篇照片提供／華偉傑

華偉傑出身政治世家，留學澳洲，還拿到英國政治行銷博士學位，但他沒有走上政壇，反而放下博士的頭銜與教職，就是爲了咖啡。

長年在海外求學的華偉傑，二〇〇九年回到台灣，一個月後泰武鄉遭逢莫拉克颱風肆虐。自稱Coffeeholic（咖啡上癮者）的他，在颱風遠離幾天後和父親上山尋找咖啡，巧遇社區發展協會理事長的姑丈和鄉親們，正在討論莫拉克風災，之後泰武鄉產業該何去何從；見到擁有政治行銷博士學位的華偉傑，姑丈見獵心喜，當下也沒考量他擅長的行銷是政治領域，立刻說服華偉傑返鄉幫助親戚和族人，延續部落的產業，就這樣，華偉傑開始行銷泰武咖啡。

藏在泰武鄉的天皇貢品

泰武鄉從日治時期開始種植咖啡，當時日本人選在南台灣最高峰北大武山種植戰略性作物，譬如奎寧及其他經濟作物；咖啡也是日本人選擇在台灣試種

的其中一種，後來更被當成皇室御用的貢品。日本戰敗後離開台灣，但未曾留下技術，泰武鄉親不了解咖啡的作用與後製方法，就任由咖啡樹埋沒在大武山的山林之間。

一直到雲林古坑首開品嘗台灣咖啡的風潮，甚至講究本土種植的好咖啡，泰武鄉親才驀然發現，咖啡就在自己身邊！北大武山滿山遍谷都是已經馴化過的阿拉比卡種咖啡樹，大家因此構築起咖啡夢。但夢想尚未發酵，就碰上莫拉克風災，路斷橋毀，政府基於人民的生

Profile

華偉傑

排灣族，屏東縣泰武鄉人。學歷為澳洲格里菲斯大學企業管理碩士、英國諾丁漢特倫特大學政治行銷博士。

創立卡佛魯岸咖啡館，現為茂泰行銷有限公司總經理、茂泰生技股份有限公司董事長、有限責任屏東縣原住民泰武咖啡生產合作社經理、台灣原住民經貿拓銷協會副理事長。

命財產安全，決定將全村遷到平地的永久屋基地。展開新生活的鄉民們開始思考，遠離祖靈地與咖啡的耕種地之後，是否要繼續發展咖啡產業？的確，到永久屋基地定居，安全有了保障，但之後該如何解決就業的問題？該如何延續產業？才是需要面對的最大挑戰。

在這樣的機緣下，華偉傑赫然意識到自己離鄉很遠、很久了，若能重返故里，隨侍父母，回到愛自己和自己所愛的人的身邊，做自己喜歡的事情，眞的再幸福不過。這樣的想法促使他決定回到家鄉，和鄉親們一起爲咖啡產業打拚。

媲美牙買加藍山的環境

我曾聽說，日本人會選在泰武鄉種植咖啡是有根據的，咖啡需要生長在日夜溫差大的環境中，而泰武鄉的咖啡是在北緯二十二・五度、海拔高度八百公尺的區域開始種植，氣候條件和牙買加藍山、非洲吉力馬札羅山的高海拔地區相仿，因此生產出的阿拉比卡種咖啡，品質最好。

泰武擁有全世界最適宜咖啡生長的地理條件，就像是上天給予鄉民們最棒的禮物；但我更想知道的是，目前最爲人熟知的台灣咖啡就是古坑咖啡，泰武咖啡要如何以部落原住民特色行銷這個咖啡品牌？

華偉傑告訴我，由於泰武咖啡產量還不算多，所以在市場區隔和產品定位上訂在精品咖啡（Specialty Coffee）的層級，雖然受限於生產成本和人工成本，導致單價較高，但仍希望用好的品質，吸引市場上重視口感、新鮮健康的消費者。此外，他效法紐西蘭奇異果結合小農的作法，把鄉親集合起來成立合作社，希望能找回原住民過去的美好年代，樂於分享，能夠共耕、共同行銷，把泰武咖啡的產量、品質再提升。

排灣神話成就咖啡傳奇

在行銷上，華偉傑把部落生產的原鄉咖啡，先以富含地方特色和文化底蘊的「原住民咖啡」作爲行銷重點，同時拓展泰武鄉優質咖啡的名聲，再慢慢牽動文化、文創產業，最後一起帶動觀光。他的著眼點是整個原鄉部落的經濟繁榮發展，而咖啡只是現階段的重點，最終目標希望能夠提升部落的經濟實力。

目前的作法以咖啡爲主軸，搭配排灣族、魯凱族的特色文化符碼，加以包裝或融入故事，像是老人家上山工作前一定要先跟山神、祖靈報告，即將要進山採摘咖啡，祈求保佑、看顧大家一切平安，讓咖啡品質優異等等，讓消費者認識原鄉文化，再以文化推廣咖啡。

他也將排灣族傳說中「太陽神在陶甕裡產卵，由百步蛇守護而孵化出排灣族祖先」的上古神話，請排灣族藝術家手繪成圖紋，再與馬克杯結合，和泰武咖啡一起包裝成禮物行銷。這款咖啡馬克杯相當暢銷，不只圖案充滿故事性，也富含生活創意，現已做到第四、第五代。杯內也配合耳掛式咖啡，標記沖泡的水線，便於消費者依口味濃淡需求不同，沖泡出屬於自己的香醇滋味。

以部落名打造自有品牌

用盛載傳奇故事的杯子承裝咖啡，彷彿咖啡也有了傳奇性的地位；若能在美麗的原鄉環境下品嘗，那滋味想必更加讓人感動。華偉傑和鄉親們成立的咖啡生產合作社，接受鄉公所的委託經營部落咖啡屋，讓遊客在部落裡休憩閒坐，手上拿著有原民文化特色的咖啡杯，啜飲泰武咖啡，眼前滿是北大武山的雄偉壯麗，那眞是獨一無二的享受。

而在未來，華偉傑希望能以部落名稱「吾拉魯滋」作爲泰武咖啡的共同品牌，拓展國內外市場。產業

可長可短，唯有奠定良好基礎才能永續發展，期許華偉傑能逐步建立屏東自有的咖啡分級制度，打響「吾拉魯茲」的名號，讓世界看到台灣屏東泰武鄉的好咖啡。

志揚真心話

“開咖啡店是很多人想要的Life style，
但不是一件容易的事，
在在都是專業學問。”

精采訪談連結

讓大數據變得有溫度——金志聿

網路溫度計，發現數字背後的奧妙

Big data，大數據，是近年來全世界最夯議題之一，也是熱門趨勢。二○一四年，「網路溫度計」平台上線，運用網路大數據，讓各界聽到網友真正的聲量；每天各種時事分析以及專業報告主題，也很受媒體與網友青睞。 本篇照片提供／金志聿

對於「網路溫度計」的創辦人金志聿創意無限的印象，來自於一杯咖啡。咖啡杯上有我的肖像，咖啡杯裡的拉花圖案，也是我的肖像；拿到這杯咖啡時，令我印象深刻又難忘。

這幾年，Big data夯遍全世界，再度勾起金志聿的創意和創業魂，運用大數據概念，創辦「網路溫度計」媒體平台。透過觀察網路新聞頻道、Facebook、PTT、各大部落格及討論區等近萬個國內網站，運用網路爬文技術取得巨量資料，並利用語意情緒分析，分析最熱門網路議題，一天一時事，產出專業網路大數據，還能即時知道網友的反應是什麼。

整合，將數據變得有意義

二○一二年時，金志聿發現有個名詞叫Big data（大數據），被運用在運動、醫療、股市上，各自解讀不同，學資訊的金志聿發現這是個商機，就開始思索如何將大數據概念與網路結合。

大數據，Big data，金志聿簡化的解釋就是「很大的數據」。在日常生活、網路上有非常多資料，可能是聲音、圖片，可能是沒有經過資料庫結構化的資料，透過資訊科技的方式，將其結構化，變成有規則性的資料，透過人們解讀，獲得一些有趣的結果。

他和志同道合的一群年輕人開始觀察台灣，覺得現在台灣社會很有趣，一則新聞只要兩個人決定，一個是記者，可能睡夢中看到的畫面，翌日就寫成一篇新聞遞交給總編輯；總編輯覺得這個新聞有話題，標題下得好，就可能上封面，成爲頭條。

Profile

金志聿

網路趨勢觀察家，巨網資訊創辦人兼董事長，網路溫度計、Paint人集團的創辦人

金志聿認爲類似這樣的錯誤狀況，卻可能在網路上被傳遞，因此思考出將大數據、網路和時事結合，顯現網路上針對某些事件發出的眞實聲音、網友眞正討論的聲量有多少？網友的情緒到底是正面還是負面？有數據的佐證分析時事，這樣創造出來的網路大數據品牌就是「網路溫度計」成立的概念。

挖掘，數字連結社會脈動

網路溫度計的工作團隊經常瀏覽網路上網友最在意的討論話題，譬如想知道那裡的buffet最好吃，團隊就去mining（挖掘）出網路上討論的十大buffet是什麼？或是鄉民很喜歡女神，就製作十大女神的分析，當時排名第一是郭雪芙，她的粉絲稱好叫好，其他女星的粉絲就會質疑這結果，大家各護其主，開始討論。

有些社會議題，比方說曾經分析網路上對廢死這個議題，是支持或

是反對？傳統民調是透過電話或問卷調查，打電話至少一、兩千通，與網路大數據動輒幾萬、幾十萬篇的文章相比較，樣本數太少；大數據分析，速度遠比傳統民調快，馬上可以得到時事的反應。另一個例子是總統大選前，想了解網友比較支持誰？哪個黨派？都可以做趨勢分析，有些政治人物、政府或企業團體想了解網友的聲音，「網路溫度計」就在做這件事。

金志聿成功推出「網路溫度計」後，很多人都稱他是大數據專家，邀請他解讀大數據，更有醫院院長邀請他協助醫藥數據分析。在「網路溫度計」的工作團隊中，有各種專長的編輯、資料科學家負責不同領域的分析；由於大數據的市場仍然非常大，因此金志聿鼓勵台灣對大數據有興趣的年輕人或網路人可以共同投入這個市場，把眞實的聲音展示出來。

創業，一份寫不完的作業

從大學時期嘗試創業至今，金志聿接過製作網站的委託，和弟弟攜手做公仔、做設計，還曾加盟過果汁連鎖店，三個月內開了十二家店，但即使果汁加盟生意很好，確定不是自己人生想要做的事情後，他就毅然結束，重返資訊行業，做大數據創業。

這十幾年來的創業過程，也讓金志聿累積不少心得，他做過很多品牌，體會到創業者要有靈活的思維，能夠發現市場的脈動，學著轉型，還必須要有創意。他認爲創意很難解讀，畢竟是主觀的，簡而言之就是

顚覆傳統；創意可以是很多經驗的累積，一次、兩次、三次的累積之後，就能自發性地想到A加B，改變一下就變成C，就會衍生出很多創意；歷史很強的人，就可以把歷史人物做轉變，如《三國演義》經常被作爲電玩的創意展現；另外還有種創意展現叫「翻玩」，把看過的logo，做出kuso的趣味呈現；但也有人說，創意跟戲謔只有一線之隔，呈現不好就成戲謔，或是有抄襲之嫌。

在金志聿的心目中，創業就是創造一份可以一直寫的作業，他認爲需要不斷學習，不斷地改變，創業不要想太多，做就對了，執行力就代表一切，可能會決定結果。若創業的目的是爲了賺大錢的話，應該三思而行，金志聿以自身經歷分享，創業後不見得會賺很多錢，但會有很多成就感，包括跟同事的相處、客戶的溝通、自我成長等，都會要求進而提升很多，因此他認爲創業是現代年輕人

可以勇敢追逐的工作。

大數據市場方興未艾，領域也多，大家可以多多觀察。但創業要建立營業模式，比如透過資訊商業化來獲利。此外在網路上經營電子商務，需考慮取得方法專利，有現實的法律保護，才能長久經營，在創業的路上堅定走下去。

志揚真心話

謝謝志聿給年輕人很大的鼓勵，先有創業精神，再去實現，否則想太多就不敢做了。

精采訪談連結

自行車界的隱形冠軍——林正義

MIT折疊車揚名國際，破風騎出藍海之路

台灣還有很多第一。尤其很多製造業在全世界獨樹一幟，走在時代尖端。他們不一定是大企業，所製造的產品卻在生活中不可或缺，從縫隙找出利基點，打開全球市場，我們將這些企業稱為「隱形冠軍」。 本篇照片提供／林正義

我在桃園市新屋區，找到藏身於鄉間的隱形冠軍——太平洋自行車，創辦人林正義主導設計生產折疊腳踏車，深受全球車友喜愛，整體表現年年成長，爲優化「Made in Taiwan」國際印象，再添助力。

台灣「隱形冠軍」企業的共同特點之一就是「低調」。根據我多年的觀察歸納，他們通常不選在新竹科學園區設置公司或廠房，反倒是設在偏鄉或是老舊工業區，太平洋自行車就是在新屋區永安工業區內，建構了世界級的自行車設計研發單位及廠房。因爲沒有氣勢恢宏的建築，若不是絡繹不絕的歐美自行車客戶上門，請太平洋協助設計高單價的自行車，很難想像在以精采農業著稱的新屋區，竟然是全世界最時尚、功能最強的折疊式自行車生產基地。

眼光獨到投身單車市場

太平洋自行車創辦人、董事長林正義，畢業自師範大學英語系。曾在國小及台北建國高中擔任英文老師。令我好奇的

Profile

林正義

一九八〇年成立太平洋自行車，現為太平洋自行車董事長。

是，什麼樣的機緣讓他選擇創業？原來，林正義在一九七二年，台灣工業剛剛起飛時，就興起創業念頭，針對黑白電視、八位數計算機和腳踏車三項產品進行可行性評估。當時在電子產業服務的林正義，對腳踏車完全不懂，爲了解腳踏車的構造，他特地到萬華買部外銷專用的舊腳踏車來拆解，拆開來又重組，在拆拆裝裝的過程中，林正義對腳踏車產生高度興趣，也決定以此作爲創業項目。

林正義憶起當年，一九六五年是腳踏車產業復興的開始。在此之前，腳踏車的用途除了美國報童用來送報之外，在歐洲其他國家純粹作爲交通工具。直到一九六

○年代之後，人類發現腳踏車不僅是交通工具，也象徵著生活品味、環保節能。腳踏車變成了人類生活的一部分，也自此開創腳踏車市場的發展契機。林正義一九七二年初創業時，自行車出口單價約三十美金；時至今日，早已水漲船高到美金五百元，自行車愈久愈有價值，讓人不得不佩服林董事長的眼光。

挑競爭者做不到的事做

儘管自行車後勢強勁，太平洋要走的卻是不一樣的藍海策略。林正義曾告訴我：「我不必是最大的企業，也不求快、不取巧，我要慢工出細活，要專注穩定，注重長期的發展。」這段話到現在仍記憶猶新，因爲這些是製造業在趕接訂單與世界接軌時，很容易放棄的理想，堅持，不易。

林正義從客觀因素說明，台灣可以製造很好的腳踏車，眞正的Made in Taiwan，但沒有人將其視爲台灣產品。因此他希望致力將自行車從Made in Taiwan提升到Create in Taiwan；從創意、工程技術、品牌、行銷全屬於台灣，這樣經營事業才能產生價值。另一方面，林正義認爲：「人生要做自己、擁有自己，做自己有興趣的工作；所以我不想要變成大公司，股票上市上櫃。」當多數企業都是追求大還要更大的時候，他卻反其道而行，改採另一個策略：「做人家不想做，不要做，做不了的工作」。

太平洋自行車追求穩定發展，並且著眼在長遠、專注的目標，不要求要有多大的利潤，而是一定要做出有價值的產品，這樣與衆不同的經營理念，也吸引美、日、韓、中等國家，如哈佛等世界知名的商學院引用作爲研究個案。日本東京交通大學的大學院更曾透露，太平洋是五十年來他們所見過十個最好的企業之一。

小折車竟變身變形金剛

因為把腳踏車視為如武士永不離身的寶劍般重要，觸發了林正義設計出折疊式腳踏車，從家裡騎腳踏車到車站轉搭捷運、火車、公車，再帶到公司，充分做到節能減碳，才能真正做環保，幫助地球。

目前太平洋自行車主推四種車款，全是折疊車，其中問世超過二十多年的Birdy，被全世界自行車業認為是最經典的車款，中文名叫「飛翔」或「飛鳥」，也被消費者暱稱為鳥車。Birdy與另外三款分別命名為Reach、IF（Integrated Folding）、Carry me，合稱為「金磚四車」。

林正義認為自己這幾十年來，最自豪的就是改變人類對小折車的概念。過去大家認為小折車性能不好，就要賣便宜；但太平洋自行車成功將折疊車印象扭轉成小折比大車性能好。未來二十年，他更期待小折車發展成如變形金剛，具備各種性能、形狀，像是會飛的、會自己走的腳踏車都應該被製造出來。一如Carry me，可以輕鬆折疊，帶著上公車、進捷運，也可以帶進辦公室，被形容成「像一把傘一樣輕便」。

除了折疊車，太平洋自行車繼續研發新車，包括別人不做的車款，比如適用於殘障者、老年人、小孩、腦性麻痺，甚至在戰地不慎失去四肢的朋友，因應各種年齡、狀況、需求等，做出功能不同的特需車（Adaptive），就是太平洋下個階段下個二十年想要專攻的市場。

現在的太平洋自行車，成立了以當代自行車為主題，世界上獨一無二的博物館，反映過去五十年自行車科技、想法、發明、材料各方面故事，吸引全世界的人，比如斯洛伐克國會、廈門集美區區長來參訪。每週、每月、每年也有舉辦各式各樣的單車體驗、壯遊活動，值得邀請大家一起來參加，享受真正的ＭＩＴ「台灣好行」。

志揚真心話

除了開車，我還是建議大家要環保、要健身，多騎腳踏車，對身體也好，對地球也好。

精采訪談連結

引發台灣鐵人三項風潮——林澤浩

從參與者到規劃者，以運動帶動觀光與產業發展

先游泳，騎車，後跑步的鐵人三項運動，近年在台灣蔚為風潮。但最令我驚喜的是，國際鐵人三項聯盟（ITU，International Triathlon Union）在二〇一四年公布數據顯示，台灣參與三項運動的人口快速躍升至世界第十三名；在亞洲僅次於日本及韓國。

本篇照片提供／林澤浩

找出台灣關於三項運動的資料，一九九二年統一在花蓮鯉魚潭舉辦台灣第一場三項運動賽事時，只有二百五十人報名。時至今日，台灣鐵人三項運動愛好者林澤浩獲得世界鐵人公司WTC（World Triathlon Corp）認可，取得授權在屏東墾丁舉辦國際知名三項賽事Ironman 70.3 Taiwan，首場就吸引來自二十五個國家，約二千多名選手參與，掀起台灣瘋鐵人三項運動風潮。

對於「鐵人三項」這個名詞，被認爲是台灣鐵人三項狂熱分子的林澤浩先爲其正名。原來大家慣稱的「鐵人三項」（Ironman Triathlon），是世界鐵人公司的註冊商標，僅用於WTC舉辦的鐵人三項運動賽事。但或許是因爲世界鐵人公司舉辦的鐵人三項賽事近年來累積了高知名度和影響力，所以讓「鐵人三項」成了「三項運動」的代名詞。

Profile

林澤浩

全球最大號碼鎖製造商競泰公司總經理，累計近十七年鐵人經驗，被圈內稱為「鐵人三巨頭」其中一人。現任台灣鐵人三項公司董事長。

鐵人三項，源於聖地牙哥

談到三項運動的歷史，爲人熟知的是一九七四年在美國聖地牙哥舉辦的小型三項運動比賽，但眞正被認可是一九七七年在夏威夷的賽事。當時有幾名軍人聚在一起，興起誰能把夏威夷島上三項最具挑戰性的運動，包括開放性水域游泳的懷基基游泳賽（Waikiki Roughwater Swim）、歐胡自行車環島賽（the Around-Oahu Bike Race）和夏威夷馬拉松（Honolulu Marathon），一天內完成，就稱他是

orca

Garmin
Dapeng Bay
orca

Iron man，鐵人。

一般鐵人三項運動，爲了安全性，制定了游泳、騎自行車、跑步等依序進行的規則。這個運動起始於大家致力把自己變成全世界最有耐力的選手，因此制定游泳四公里、自行車一百八十公里，加上跑步四十二公里，總長度二百二十六公里的賽程。

但後來人們發現這樣的賽程對發展三項運動造成瓶頸，於是就從最遠的二百二十六公里，折半成一百一十三公里。現在更演變出親民的「奧運距離」，游一．五公里，騎四十公里，這也是這個運動能普及化的原因之一。由於夏威夷和台灣一樣，都是島嶼地形且周遭有很多海域；同時台灣西部又有可以舒適騎自行車的西濱快速道路，由此看來非常適合舉辦鐵人三項運動。

正向改變，帶動運動風潮

本身是鐵人三項運動愛好者的林澤浩，因緣際會取得鐵人三項國際賽事Ironman的品牌代理權，成立台灣鐵人三項公司，從參與者變成活動規畫者，致力把台灣的鐵人三項賽事，一步步推向世界與國際接軌。以他自身的經驗來說，挑戰鐵人三項必須有好體力，因此自發性減少應酬、戒掉壞習慣，生活逐步變得規律；也因爲這樣的調整，生活有了品質，也能感染周遭的朋友圈、生活圈。若成功挑戰目標，更能讓自己信心大增，不管在職場或家庭，都會變得更陽光、正向、積極。

自從鐵人三項風行台灣後，不少企業鼓勵員工參與，制定目標、計畫後，循序漸進，達標後再設立下一個目標；與企業制定業務目標的實踐過程有異曲同工之妙，讓鐵人三項活動也成了企業激勵活動之一。

林澤浩也從多年經驗裡，歸納出一般民眾挑戰鐵人三項也是循序漸進，從奧運距離開始，達成之後再逐

步挑戰一百一十三公里和二百二十六公里，每完成一個目標，像是上癮似的，會繼續追逐下一個夢想。鐵人三項不難，只要平日持續運動，一週跑步、騎車、游泳共計五小時就可以報名參加。一次經歷三項不同的運動，會覺得相當有趣，再加上鐵人三項不是今天講，明天就可以做的活動，必須設定目標，透過不斷準備，讓生活充滿目標性，人生也會變得更積極。

附加價值，產業觀光發展

而在多年舉辦鐵人三項活動之中，最令林澤浩開心的就是看著選手經過長時間訓練，終於完賽後，達成全家共同的奮鬥目標，開心的抱著小孩或家人，全家圍繞在終點，這帶給人們很大的成就感。而透過鐵人三項，提供參賽者展現自我的舞台，也就是他最引以爲傲的事情。

林澤浩多次征戰國際鐵人三項比賽，最難忘法國尼斯賽，他回憶起當時在地中海裡游泳，雖然景色宜人，但海浪也相當強勁，一下水完全看不到方向，只能盡力發揮。也因爲鐵人三項比賽必須接受各種不同地形、狀況的挑戰，讓他對鐵人三項深深著迷，更爲了成就這

個愛好，取得國際鐵人三項賽事舉辦權，成立團隊，在台灣舉辦賽事。

他全台走透透尋訪比賽場地，發現屏東墾丁、台東活水湖、南投日月潭、花蓮鯉魚潭、基隆外木山，還有金門、澎湖都是很好的鐵人三項活動場地。在林澤浩眼中，台灣發展鐵人三項的先天條件絕對不比國外來得差，眞正的落差在於如何讓這個運動變成是觀光型運動，進而刺激當地及產業發展。因此除了在硬體方面，跟隨國際賽事的規格與作業程序之外，他更重視與在地政府以及居民溝通，讓對方感受到活動可以爲地方經濟發展盡力，也讓居民有機會參與其中。比如賽程經過小村莊或部落時，會製作加油道具給現場小朋友，邀請他們一同參與活動。

此外鐵人三項的比賽場地通常有山、有海，偏向度假勝地，以此爲考量，選定較大的度假村作爲基地，提供選手與家屬旅遊套裝行程，結合當地觀光，讓他們能有機會走過不同的村莊、部落，增加城市或地方的知名度與了解度。未來，林澤浩仍將持續與地方政府合作，結合當地力量，巧妙將活動結合觀光，讓居民和政府感受到對縣市形象及觀光效益的加分，達到鐵人三項運動在台灣發展運動賽事的同時，也能推動觀光經濟的重要功能。

志揚真心話

“鐵人三項運動是為了下一個目標，
每次都要做準備。人生就要有目標，
生活會變得更積極。”

精采訪談連結

橫跨四大洲的鐵馬壯遊——陳守忠

往世界的盡頭騎行，走萬里路快樂收穫

我也曾夢想搭飛機或坐郵輪環遊世界；若能騎單車隨處暫留，就更完美了！一九八四年，胡榮華穿行六大洲、四十國，成為台灣首位實現單車環球夢的人；而十五年後，陳守忠用四百天騎行兩萬公里，途經二十多個國家，也完成單車環球壯舉。本篇照片提供／陳守忠

環遊世界是很多人的夢想，距離看似遙不可及；但身爲台灣人，一生總該體驗一次環島旅遊吧！陳守忠的單車環遊世界夢想的起點，就是高三那年的單車環島，那年是一九八〇年。

我記憶中的那個年代，台灣的公路系統緩步發展中，東海岸部分路段是石頭路。當時陳守忠所有的單車旅遊資訊來自一本主角環騎日本的日本漫畫，因此讓他對單車旅行產生興趣。他騎上當時最好的十段變速車，穿著牛仔褲和T恤；在高中書包內放進行李，就是最好的車袋，掛在單車後架上，瀟灑展開環島行。

出發，單車環球之旅

日本漫畫讓陳守忠對單車旅遊產生興趣，而眞正將他推向旅程的推手，則是日本首位單獨步行到北極點的已故日本知名探險家——河野兵市。一九九八年，陳守忠在捷安特基金會推展台灣自行車運動，河野兵市來台，他負責接待。在交流晚宴上，河野提出一個問題：「十五年前，台灣有位胡榮華

先生單車環球，爲什麼這段期間台灣經濟發展起來了，十五年後還是只有胡榮華先生？」席間大家靜默不知如何回答，只有陳守忠大聲回答：「第二位出來了」，他告訴河野兵市自己的計畫將會執行。

準備過程中，因爲路線規畫和簽證息息相關，加上旅途遙遠，可能發生在台灣取得簽證，但效期有限，抵達當地時簽證失效之類的問題，因此陳守忠準備了A、B兩個計畫，因應突發狀況。譬如在巴基斯坦辦理伊朗簽證時，獲知要兩星期才能辦好，當時

Profile

陳守忠

國立體育大學休閒產業經營學系管理碩士，也是自助旅行及探險旅遊的領隊。現任中華文化協會理事長、環遊世界1998咖啡館負責人、單車環球壯遊聯盟執行長。曾獲1993優秀青年代表、1997青年獎章得主。與女兒陳萱合著《2100公里的禮物》，個人著作《西藏》等書。

因爲他的巴基斯坦簽證即將到期，也無從知道能否順利取得伊朗簽證，爲了避免延誤其他行程，也只好修改路線。

環騎四百多天的日子裡，陳守忠也遇上不少難忘的事。他回憶起旅途中最危險的路段：「其中比較驚險是巴基斯坦，中亞一帶，尤其途經巴基斯坦印度河河谷那段，老百姓支持塔利班政權，那裡的男人們都是隨身一把槍、一排子彈帶在身上，留著鬍子，瞪著你，看著你騎過去，讓人倍感壓力。但真正發起攻擊的，卻是看到外國人就丟石頭、排外的小朋友。」騎行到歐洲則是另一番景色，和中亞國家相比，歐洲的騎車環境完善，居民也比較尊重遊客。一路上還能與途經國家的當地人交流，就是他最棒的收穫。

落實，分段執行壯遊

看著陳守忠的單車環球壯遊經驗，我也躍躍欲試。但和大多數的人一樣，考量到時間、家庭、工作、經濟等等外在因素的牽絆下，很難實現個人的壯遊夢想。爲了讓更多人和自己一樣成功圓夢，陳守忠以「單車環遊世界是一輩子的事」的概念，規畫了長達四年的「環球傳騎——分時分段單車環球壯遊」計畫，把全程分爲亞、中東、歐、美等四大段路程，每大段再分爲三個小段，每小段遊程，平均花上十五天，提供更具彈性，且可量力而爲的環遊世界方式。從二〇一一年的絲路中國段，到二〇一四年的美國段完成，「環球傳騎」已經走完了第一輪。而第二輪的環球傳騎，也正進行中。

環遊四大洲，碰到的人種、天氣、語言、地形通通不同，對我來說，就是最值得去體驗的，世界這麼大，就是這麼不一樣。而且單車旅遊最棒的是沒有年齡限制，陳守忠現年十三歲的女兒陳萱，早在六歲就跟著

爸媽花了兩個多月，完成了絲路單車之旅。

慢騎，家人共享回憶

陳萱幼稚園畢業前，陳守忠和太太商量如何給孩子不一樣的畢業典禮。那陣子陳萱相當熱衷西遊記，因爲絲路就是西遊記的場景，讓陳守忠靈機一動，規畫暑假絲路親子騎乘旅遊，帶著陳萱騎單車去找孫悟空。

陳守忠用童話故事來安排絲路行程，定名爲「西遊騎」。六歲大的陳萱把自己的小自行車想像成觔斗雲，因爲她年紀很小，小童車才六段變速，陳守忠以孩子的角度、能力和興趣去安排這段行程，平均時速約十公里，一路慢騎、慢玩，看到漂亮的風景就停下來拍照。

一個人騎車講究速度，趕著完成目標的陳守忠，從來沒有騎這麼慢過。忽然領悟到騎慢是學問，從放慢速度，陪著女兒一路騎，經過鄉村，

遇上耕田的農夫、牧羊的人們，就停下來聊聊天，拍拍照，透過跟當地居民互動，看到不同的風景、體驗不同的風土民情。一路上女兒跟太太騎在前面，陳守忠押後，有次經過市鎮，忽然發現有個男人拉著太太，讓他嚇一跳趕忙騎上去問個究竟。原來是這位先生搭車時看見陳守忠一家三人，在炎熱的天氣騎車途經戈壁灘，深受感動，特地在路邊等著，請他們吃西瓜消暑。

從這對父女的經驗，我深深體會到六歲的小女孩也可用這樣輕鬆的方式，完成這樣壯遊的旅行。壯遊不一定要到壯年才能做，人生要及時，只要有心開始，單車環遊世界不再是遙不可及的夢想了。

志揚真心話

壯遊的形式很多，
一家人能夠一同面對挑戰，
其實很幸福。

精采訪談連結

擁有創新思維的銀行家——劉奕成

FinTech世界正夯，擋不住的金融科技浪潮

位在北歐的丹麥，在二〇一五年石破天驚地宣布，不再使用鈔票、零錢，實施「行動支付」政策，大力推行以智慧型手機或信用卡付錢，成為全球第一個不用帶錢包出門的國家；彼岸中國也出現不收現金，只收支付寶、微信支付的商店。 本篇照片提供／劉奕成

丹麥停用現金、在中國出門不必帶錢，「FinTech」崛起，貨幣金融進入翻轉時代。中國信託銀行信用金融執行長劉奕成，是台灣龍頭銀行數位金融與數位支付領域最重要的掌舵者，在這波金融科技革命裡，擁有豐沛國際金融實務經驗的他，正是帶領大家走向金融科技的最佳人選。

我一直關注著各行各業最夯的關鍵字，近年來「FinTech」這個單字從全球金融業鋪天蓋地而來。劉奕成是我在建中的學弟，曾看到他的Facebook寫著：「這個星期我有五場關於數位金融和FinTech的演講和分享，疲憊已極，但是我還是踱步到書店，因爲太多的分享讓我空虛無比，我急需填補，如乾涸的河床望眼雲霓欲穿。」

金融與科技的交鋒，把金融創新推向另一個新的競爭起點，看起來新的經濟系統早已蠢蠢欲動。劉奕成過去擔任悠遊卡公司董事長時，創新思維讓悠遊卡從一張單純的交通票卡，衍生成

爲人們移動時隨身攜帶的小額錢包，這正是金融科技實踐的範例之一。實戰的成功經驗也讓他在「金融科技」火紅的當下，成了各界爭相邀請專題演講的主講人。我和劉奕成在高中時代都參加童軍團，一起野營，培養出眞摯的革命感情，讓我有機會搶先別人一步，和他面對面暢談全球金融科技趨勢。

搖一搖掃一掃出門不用帶錢包

「FinTech」就是finance加technology，是金融科技的縮寫。爲什麼大家這麼熱烈討論FinTech呢？因爲過去金融業的思考只限金融業，科技業的思考只及科技

Profile

劉奕成

銀行家，美國賓州大學華頓商學院企管碩士。曾任摩根大通投資銀行副總裁、悠遊卡公司董事長、巴克萊銀行台北分行總經理，現為中國信託銀行信用金融執行長。

業，但是忽然之間，大家發現接受金融服務的時候，感受到科技的意涵，關鍵就在「手機」。

有人到中國出差前，準備了人民幣五千元的出差費，結果一星期後出差結束，現金沒有花多少，付款的時候搖一搖、掃描一掃就結束了；我們普遍印象中最落後的地區——非洲，也已經做到透過手機發訊息就可以轉帳，其中又以肯亞做得最成功。丹麥、中國、非洲肯亞的例子，都是因爲手機而造成巨大的改變。

中國的「支付寶」以及美國的PayPal，應該是這幾年最先受到大家注目的金融科技。它們的出現是因爲人類歷史上很久沒有大規模的C2C，也就是人對人的交易。比如美國eBay拍賣網站上，甲方把商品放在網站上賣給乙方，乙方付錢給甲方，但因爲甲方不是商家，沒有信用卡的收卡機，所以需要一個第三方作爲交易的保證與保障。

未來消費習慣，數位世代說了算

「支付寶」這類支付工具的產生，就是在如eBay等互聯網出現，可利用網路C2C交易的時候，「支付寶」扮演非常好的角色，讓大家覺得買賣雙方能夠一手交錢、一手交貨。而台灣的C2C交易，因爲便利商店取款容易，加上國土面積小、面交方便，台灣人對彼此的信任感也蠻高的，鮮少發生錢匯給賣家，賣家卻不寄貨的狀況；但是有句話說：年輕人是改變社會的力量，如果有一天，台灣的年輕人連從家裡走到便利商店領錢都嫌麻煩，這時候就是巨大力量改變的時候。

爲什麼現在要談金融科技？原因是大部分的金融科技或這十幾、二十年來科技的轉變，皆是由年輕人發動去影響上一輩的人。舉例來說，iPhone普遍是年輕人開始使用後，再由年輕人教會自己的父母或長者使用，LINE、Facebook也是同樣情形。

年輕世代是未來經濟的消費者，也是未來組織發展的管理者。

台灣為什麼會比其他國家慢這麼多年？是因為金融服務要等這些年輕人用習慣了，再去改變長者的想法，劉奕成認為這幾年將是台灣金融科技發展的關鍵點。未來金融科技應該是由年輕人的使用習慣來帶動的，劉奕成稱年輕人為「數位原住民」，對這些數位原住民而言，從小到大都有手機和數位。

面對科技風潮，金融產業換腦袋

現在，金融業面臨著巨大的改變，到底金融業未來的人才會面臨什麼樣的變化？劉奕成認為最大的關鍵在於T型人或π型人。π型人可以同時具備兩項相關性專業，又能相互支援、延伸發展；或是T型人，除了單一專業，在垂直面向上，還需要具備其他領域的專業。

舉例來說，目前金融業人才招募，大部分還是招聘商學院或管理學院的畢業生居多，這類人才知道如何評估專案本身的價值，但隨著金融領域愈來愈複雜，比如說可能需要有人分析像「支付寶」這類FinTech公司的價值，分析過程中必須了解「支付寶」如何運用在科技上？或是如何在商家發展？除了了解商店，還要解決行銷的問題。

以前金融業只要到賣場放告示牌、廣告，就可以做好行銷，現在不行了，行銷需要跳到科技前面，在消費者做所有的購買決策或決定目的地之前就出現。若消費者對應用場景了解，金融業者就要比消費者更了解。劉奕成舉例，很多台灣年輕人會使用辦理活動的服務「Accupass活動通」，金融業者就應該要有敏感度與「活動通」合作，慢慢地抓出產業龍頭與其合作。大家在過去的訓練不一定足夠，因此要大量雇用一些對不同的生活場景、場域都有深刻了解，且

能夠運用的年輕人。

　劉奕成在悠遊卡公司董事長任期內出力甚多，不僅推動小額支付，透過手機支付也相當便利。那麼台灣何時可以達到如丹麥的情景？劉奕成提到悠遊卡的小額支付要與手機完整結合，只缺一個要素，就是網路金融採記名制，但目前悠遊卡記名尚不普遍，一旦等到可以完全記名時，就能夠使用手機服務。

金融科技起飛，須具備跨界能力

　爲了踏入金融科技時代，台灣也要做好準備。譬如因應金融科技發展的法規修正，又如怎麼看科技對金融的影響？在金融的服務業上，對科技要用什麼樣的態度面對？

　劉奕成的建議是，金融科技相關的法規制定之前，要思考法律背後包括整個社會對於創新的看法，他認爲一件事的發生與社會的環境和氛圍相關，包括容錯的心理和氣氛，而不是一味歸咎給主管機關。或許有人這麼想，我們有現金，爲什麼還需要其他東西？創新這件事並不是只有個人需求，而是整體社會和環境的需求，就算自己不需要，也不該阻撓別人使用新的貨幣和其他相關東西，容許改變以及容許他人在新領域有創新的想法，可能是社會環境必要的接受。

　金融科技和所有的科技都一樣，有足夠的量體和人數才會帶來改變。劉奕成舉例，所有過去能夠被單一化、標準化的東西，如音樂的DVD、VCD和電視節目，都已經能在家裡看到，所以現在很少人賣DVD；但是如演唱會、音樂

會、棒球比賽等有差異性、現場感的商品就突出了，大家願意付更多的價格購買。

此外，我們身處在科技時代，科技已經不專屬於科技人，沒有人可以完全不理會科技，如何把科技應用到專業領域裡，才是每個人需要學習的。在未來，金融科技勢必會愈來愈發達，也更方便使用，但要改變現況，必須得發展更多科技，也得培養對生活敏銳度高且有觀察能力的跨領域人才。

志揚真心話

“FinTech的崛起，使科技不再是過往認知裡那樣冰冷，也因為與其他行業多有結合，各行各業應該要對科技有概念。”

精采訪談連結

告別百萬年薪，科技新貴賣牛仔褲——林士玄

職人工藝結合在地文化，打造台灣牛仔褲精品地位

什麼樣的衣服最不褪流行？答案就是牛仔褲！牛仔褲沒有年齡限制，是普遍受歡迎的原因之一吧！以我為例，不但自己穿，還買給七十多歲的老爸，穿上牛仔褲的爸爸，當下年輕了十幾歲，心境更年輕。 本篇照片提供／林士玄

向來平價牛仔褲居多的台灣市場，近年來陸續推出精品，一條定價新台幣兩萬五千元的牛仔褲，還是頗受褲迷們的青睞。令人振奮的是，這個精品概念牛仔褲品牌「JEANSDA金斯大」，其實出自兩位台灣年輕人之手。「JEANSDA金斯大」的老闆們從設計業、科技業上班族改行，創立牛仔褲品牌，推出一條條創意十足的高品質牛仔褲，證明台灣也可以做出精品，是我樂於推薦的青年創業模範。

拆解「JEANSDA」的品牌名稱，創辦人之一林士玄爲我解惑，「JEANS」是牛仔褲，他把中文翻譯成「金斯」；「DA」是網路用語，對部落格達人的尊稱，音譯成「大」。從學生時期就對牛仔褲有莫名狂熱的林士玄，爲了牛仔褲開設部落格「JeansTalk」，成天分享牛仔褲訊息；剛推出時，因爲沒有特意說出版主的名字，網友就尊稱他們爲Jeans Da，久而久之就變成品牌。據說非常受歡迎，是華人圈最大的牛仔褲部落格，

累計瀏覽人數高達千萬人。

因為電影，他變成牛仔褲狂熱者

問起林士玄，是何時對牛仔褲產生興趣和狂熱？他告訴我，小學時看了一部電影《回到未來》（Back to the future），電影中的男主角馬蒂．麥佛萊（Marty McFly），牛仔褲搭牛仔外套、鋪棉背心、玩吉他、溜滑板，讓人覺得帥極了。林士玄當時總想，如果像馬蒂一樣，是不是就會風靡萬千少女？從此興起了模仿的念頭，第一步就是要穿得跟他一樣。當時的小學生都穿「媽寶牌」牛仔褲，也就是媽媽買的牛仔

Profile

林士玄

一九九六年買了人生第一件二手的Levi's 501，從此深陷在牛仔褲的世界。二〇〇八年與友人趙淳安成立「JeansTalk」部落格，用來記錄他們的牛仔褲，並在二〇一一年，共同成立「JEANSDA」。

褲。為了和馬蒂穿一樣的Levi's 501，林士玄想辦法打工，買下生平第一條Levi's，穿上後果然成為女孩們注目的焦點。

正因為想知道馬蒂穿什麼，開始研究牛仔褲，認識了Levi's 501，林士玄逐漸明白，牛仔褲的設計其實富有文化意涵。原來，牛仔褲最早被設計來工作用，早期縫製技術不是很好，在口袋放些工具很容易造成口袋撕裂。501是第一件在口袋的接合處使用金屬鉚釘，增加牢固性，口袋有鉚釘也變成未來的牛仔褲識別。另外早期人們習慣使用懷錶或小東西，501便在右側口袋多設計零錢袋，方便大家放東西，雖然現代人少用零錢袋，但這個設計也變成經典牛仔褲的特色。

此後，林士玄以收藏牛仔褲為樂，但在某次搬家過程中，發現自己可能買得太多，有些久不穿的難免失去印象，於是他決定將自己的每件珍藏都好好記錄下來。

他便以牛仔褲為主題，在當年盛極一時的「無名小站」上開設部落格「JeansTalk」。由於文章內容豐富，極具特色，當時也常被Yahoo奇摩搭配「你知道你的牛仔褲都穿錯了嗎？」這類聳動標題，放在首頁上推廣，從此爆紅，經營不到十個月瀏覽人次就突破一百萬。無名小站結束時，累計的瀏覽人次更已超過千萬。

成立部落格後林士玄才發現，原來有這麼多牛仔褲同好，各有各的狂熱，各有各的獨特堅持，只是缺乏管道交流罷了。所以希望透過這個多數牛仔褲愛好者同時交流的平台，可以把他們的想法跟作品分享出去。

因為愛買，他創立牛仔褲品牌

本身就是牛仔褲重度消費者的林士玄，不僅持續蒐集，更經常購買特殊作風的牛仔褲來研究，如運用日本和服刺繡手法或是貼水鑽的圖案等。過程中，他發現台灣牛仔褲市場以歐美和日系品牌爲主流，往往忽略台灣過於悶熱潮濕以及台灣人身形和歐美人身形有很大的差異問題，穿起來容易產生不舒服、不服貼等狀況，他因此興起製作符合自己理想牛仔褲的念頭。

他找到被公認是使用在牛仔褲上最頂級的棉花——非洲辛巴威棉，纖維比較長且強韌，挺度也夠，穿起來舒服透氣；和紡拓會快速打版打樣中心合作，開發出3D立體剪裁，穿在身上，側面形成弧狀曲線，直挺好看。有了好的原料和版型，再送往全世界公認丹寧布製作最好的日本，使用日本古老機器，做出理想中的布料，再手工縫製牛仔褲。顛覆了傳統

的壓低成本考量，堅持「哪裡做得最好，就在哪裡做」，這樣一條每個環節都做到最好的牛仔褲，基本入門款大概六千元左右，而同等級的褲子在世界其他地區大概要八千到一萬起跳，相比之下還算公道。

從經營部落格到創立牛仔褲精品品牌，林士玄認爲自家品牌的優勢是不以業界標準去設想產品，而是以消費者的需要爲出發點去製作產品。設計上套用許多台灣的元素也是一大強項，像二○一三年棒球經典賽，中華隊對韓一役，陽耀勳投球投到手破皮，抹在褲子上的血跡；還有捕手高志綱守護本壘，被對手的釘鞋踹到的痕跡。這些比賽的小插曲都可作爲設計的概念，象徵職棒選手永不放棄的精神。如果不多做解釋，這就是件看起來紅紅、髒髒的牛仔褲，但和消費者說明爲什麼會有這樣的設計時，就能讓人感動，因爲「JEANSDA」把屬於這片土地的精神、文化傳遞給了消費者。一條牛仔褲可以講很多故事，光是穿這條褲子，有人問起時將故事傳達給對方，就有價值了。

因為養褲，提高牛仔褲的價值

在牛仔褲愛好者之間還有一專業術語，「養褲」。說起這個，林士玄滔滔不絕，也讓我大開眼界，原來不只泡茶的茶壺可以養，牛仔褲也可以養！他向我說明，製作牛仔褲的丹寧布，是種容易褪色的布料，依據摩擦的狀況不同，產生出的紋路（日本職人稱之爲「色落」）也不一樣，久而久之形成專屬於穿戴者的獨家特色，這就是養褲。

許多牛仔褲品牌會用機器做出相似的紋路，但由於每個人身材不同，有時不免讓人有「爲什麼膝蓋的紋路會跑到小腿」之類的困惑，感到相當不自然。但如果是自己養出的紋路，每道痕跡都能對應到自身的動作，不只讓褲子愈發適合自己，也能

為生活留下寶貴的痕跡，在行家眼中自是價值不菲，絕對比用機器仿造的還貴上許多。

當然，有人追捧自然就有商機，像泰國就有委託養褲的文化。當地盛產椰子，工人們每天在樹上攀爬，褲子摩擦損耗的速度比一般正常穿著快得多，聰明的商人會做一大批牛仔褲，請工人們在工作時穿，久了之後將褲子回收清洗，就完成一大批養好的「椰子褲」，再高價賣出。

林士玄也分享一些養褲小訣竅給我：由於水洗會很均勻的讓顏色褪去，所以愈常穿（摩擦愈多）、愈少洗，線條就會愈明顯。如果要降低褪色的幅度，可以使用沒有漂白成分的洗潔精洗滌，清洗前把褲子翻成反面，避免攪動拍打時，造成正面顏色的減少。把訣竅學起來，就可以讓牛仔褲常保自己喜歡的模樣囉！

志揚真心話

“牛仔褲永不退流行的原因，
可不只是好穿搭而已，更是因為背後的
文化意涵，以及伴隨穿戴者的生活而
留下的迷人軌跡。”

精采訪談連結

一點不平凡：
吳志揚遇見的41個美好故事

作　　者　吳志揚
封面繪圖　吳志揚
文字整理　翁瑞祐
編　　輯　邱昌昊、鄭婷尹、羅德禎
封面設計　劉錦堂
美術設計　吳怡嫻

發 行 人　程顯灝
總 編 輯　呂增娣
主　　編　翁瑞祐、羅德禎
編　　輯　鄭婷尹、邱昌昊、黃馨慧
美術主編　吳怡嫻
資深美編　劉錦堂
美術編輯　侯心苹
行銷總監　呂增慧
資深行銷　謝儀方
行銷企劃　李承恩、程佳英

發 行 部　侯莉莉
財 務 部　許麗娟、陳美齡
印　　務　許丁財
出 版 者　四塊玉文創有限公司

總 代 理　三友圖書有限公司
地　　址　106台北市安和路2段213號4樓
電　　話　(02) 2377-4155
傳　　真　(02) 2377-4355
E－MAIL　SERVICE@SANYAU.COM.TW
郵政劃撥　05844889 三友圖書有限公司

總 經 銷　大和書報圖書股份有限公司
地　　址　新北市新莊區五工五路2號
電　　話　(02) 8990-2588
傳　　真　(02) 2299-7900

製版印刷　卡樂彩色製版印刷有限公司

初　　版　2016年 12月
定　　價　新台幣420元
I S B N　978-986-5661-97-7（精裝）

SAN YAU
http://www.ju-zi.com.tw
三友圖書
友直 友諒 友多聞

國家圖書館出版品預行編目(CIP)資料

一點不平凡：吳志揚遇見的41個美好故事 / 吳志揚作. -- 初版. -- 臺北市：四塊玉文創, 2016.12
面；　公分
ISBN 978-986-5661-97-7(精裝)

1.臺灣傳記 2.訪談

783.31　　105022717